GW01606436

TIM SIMOND

LA PLONGÉE CHIC

nouvelle édition

LES ÉDITIONS DU PACIFIQUE

Traduction française : Loïc Cohen, Patricia Barbe-Girault

Publié avec l'autorisation de Thames & Hudson, Londres

Les Éditions du Pacifique
5, rue Saint-Romain,
75006 Paris
contact@leseditionsdupacifique.com
www.leseditionsdupacifique.com

ISBN : 978-2-87868-131-4
n° d'édition : 209

Imprimé en Chine sur les presses de C&C Offset Printing Co.

sommaire

TURTLE INN'S
CABAÑAS
BAR-RESTAURANT
ICE COLD BEER
FISHING, MORE...

introduction

« Flotter à la surface de l'eau, c'est comme être devant un chapiteau de cirque sans y entrer ». En tant que loisir, la plongée est un sport relativement nouveau : son développement date seulement des années 1960 et elle était réservée aux plus aventureux. Souvenez-vous de l'image qu'avaient les plongeurs, il y a encore à peine quinze ans : une bande d'inconditionnels vêtus de combinaisons en néoprène peu seyantes, qui acceptaient d'être hébergés dans des conditions quasi-militaires par passion pour un sport jugé extrême.

Aujourd'hui tout cela a bien changé. La plongée compte quelque vingt millions d'aficionados dans le monde. Elle est également devenue chic. Mais si l'appel de la plongée a gagné toutes les couches de la société, il n'était pas toujours évident jusque là de se procurer des informations. Difficile de trouver l'endroit idéal pour ceux qui voulaient, par exemple, passer des vacances dans des endroits d'exception à faire de belles plongées mais où, dans le même temps, leur famille pouvait se distraire autrement. Il y avait bien des hôtels « spécialisés » dans la plongée, mais dont l'idée de confort était toute relative, comme si les mots « chic » et « plongée» étaient incompatibles. Il en était de même pour le snorkelling.

Mais ce temps est fini, grâce à l'ouvrage que vous tenez dans vos mains. Dans la première édition, j'avais réussi à dénicher vingt-six des plus beaux sites de plongée au monde, associés à des hôtels et des bateaux chics. Aujourd'hui, après plusieurs mois de recherches, j'ai fait une mise à jour de toutes les destinations afin de rendre compte des changements survenus au cours de ces dernières années et j'ai également ajouté six endroits supplémentaires sélectionnés selon les mêmes stricts critères.

Bienvenue, donc, dans *La Plongée chic* nouvelle formule. Que vous ayez envie de plonger, de faire du snorkelling ou simplement de vous relaxer, chacune des destinations proposées vous fera passer des vacances inoubliables.

Les sites présentés dans le livre sont situés partout dans le monde, dans des eaux tempérées, de la mer Méditerranée aux Maldives. Bien évidemment, il ne s'agit pas de comparer les expériences de plongée sur des sites aussi variés. Chacun à sa manière reflète ce que cette partie du monde a de meilleur à offrir. Ils ont tous un attrait unique. Les endroits retenus ont été sélectionnés sur le seul critère de leur mérite. Aucune contribution financière ne leur a été demandée.

Comme toujours, les familles ont été l'une de nos grandes préoccupations. Les hôtels spécialisés dans la plongée sont bien trop souvent faits pour les plongeurs seulement. Mais si vous êtes le seul dans votre famille à vouloir pratiquer que font les autres pendant que vous vous faites plaisir ? Aucun des hôtels cités dans le livre n'est réservé uniquement à la plongée, à part peut-être le Wakatobi, un nouveau venu ; ce sont simplement des lieux de vacances enchanteurs où les plongeurs comme les amateurs de tennis ou de tout autre sport seront satisfaits. C'est pour cette raison que j'ai également vérifié restaurants, spas, excursions proposées et équipements, ainsi que les possibilités de faire du snorkelling, afin de donner au lecteur une idée générale de l'hôtel, non un compte-rendu du seul point de vue du plongeur. Ceci n'est pas seulement un livre destiné aux amoureux de ce sport : vous pourriez parfaitement passer quelques jours dans l'un de ces lieux sans jamais plonger et vos vacances seraient tout aussi fantastiques.

Je me suis efforcé de n'utiliser que mes propres photos, afin de montrer ces endroits sous une lumière plus réaliste : pas de jolies filles en maillot de bain ni de mises en scène de pique-niques au champagne, il m'est cependant arrivé d'inclure une ou deux nouvelles photos des lieux fournies par les hôtels eux-mêmes.

Les critères concernant les photos sous-marines sont également les mêmes : tous les clichés ont été pris durant notre court séjour. Si j'ai pu voir quelque chose, il y a de fortes chances pour que ce soit votre cas aussi. En d'autres termes, je n'ai pas pris d'assaut une banque d'images pour insérer coûte que coûte une photo de la très rare pieuvre imitatrice alors que cette créature m'échappe toujours ; en revanche j'ai fini par localiser et prendre en photo l'incroyablement minuscule hippocampe pygmée à Wakatobi, et si j'ai vraiment vu le grand requin marteau à Vamizi et dans les îles Turks et Caicos, je n'ai pas mis sa photo dans le livre car je l'ai pris soit de trop loin, soit de trop près. La règle établie est que si je ne l'ai pas vu, alors ce n'est tout simplement pas dans le livre, car le but principal reste tout simplement de vous montrer ce que j'ai vu, sur terre comme sous l'eau.

LA PHOTOGRAPHIE SOUS-MARINE

C'est un art très difficile à maîtriser, mais grâce aux appareils numériques aux possibilités infinies, il n'a jamais été aussi facile. Aujourd'hui, plusieurs fabricants comme Olympus, Sony et Canon proposent des boîtiers sous-marins bon marché et de bonne qualité. Pour s'initier, on peut utiliser un petit appareil numérique que l'on glisse dans son gilet. C'est un moyen facile et amusant, mais avec de sérieuses limites, la principale étant la lumière, car toutes les couleurs sont perdues à partir de 10 mètres de profondeur et le flash est indispensable. Tous les appareils numériques ont un flash incorporé, mais bien souvent de puissance limitée. Pour obtenir de meilleures photos, il faut donc se munir d'un flash indépendant. Ce type de flash prend malheureusement de la place et vous ne pourrez pas le glisser dans votre gilet ; il implique aussi que vous soyez un plongeur expérimenté pour éviter d'abîmer les récifs. Pour ce faire, il vous faudra impérativement améliorer votre flottabilité et votre conscience spatiale. Ainsi, vous devez d'ores et déjà maîtriser suffisamment ces techniques avant de vous risquer sur les récifs. Sachant qu'il ne faut jamais toucher des récifs vivants, vous commencerez à comprendre à quel point il est difficile de flotter à quelques centimètres au-dessus d'un lit d'oursins tout en essayant de prendre un cliché d'un insaisissable poisson- crapaud.

COMMENT Y ALLER ?

La Plongée chic propose vingt-six hôtels et bateaux situés dans les plus beaux sites de plongée au monde. Mais du fait de leur isolement, il peut être parfois compliqué d'y aller. C'est la raison pour laquelle nous avons créé un site Internet www.plongee-chic.com pour vous permettre d'organiser au mieux votre séjour grâce aux conseils éclairés d'Ultramarina, une agence spécialisée dans les voyages de plongée à la carte dans le monde entier.

TIM SIMOND

25930 QD
3

australie

La Grande Barrière de corail, visible par satellite, longe la moitié de la côte est de l'Australie et abrite une vie marine d'une incroyable diversité. Dans les eaux fraîches, au sud, et dans celles plus tempérées, au nord, on trouve quelque 1 500 espèces de poissons et plus de 400 types de coraux.

Cette barrière corallienne colossale n'a pas été épargnée par les effets du phénomène El Niño et du réchauffement climatique terrestre, à l'exception semble-t-il de sa partie septentrionale, notamment autour des Ribbon Reefs, à quelques kilomètres de Lizard Island. C'est là que vous échapperez aux hordes de touristes.

Cairns, à trois heures d'avion de Sydney, est le point de départ pour Lizard Island. Cette ville ne présente en elle-même aucun intérêt, mais la côte qui s'étend au nord vers Cape Tribulation mérite le détour, avec son exceptionnelle forêt tropicale de cent mille hectares qui plonge directement dans l'océan.

La Grande Barrière de corail est un site protégé par son inscription au Patrimoine mondial de l'Unesco et Lizard Island jouit du statut de parc marin. Il peut sembler presque contradictoire qu'un environnement aussi préservé abrite un hôtel de grand standing, c'est pourtant le meilleur moyen de découvrir le plus grand système corallien du monde.

Vus d'avion, on comprend vite pourquoi ces récifs ont été appelés Ribbon reefs (récifs rubans) : le ressac tumultueux forme en effet une série de lignes blanches ondulantes qui se détachent sur les eaux turquoise de l'océan. Les différents récifs sont identifiés par un chiffre : Ribbon reef 1 est voisin de Ribbon reef 2, et ainsi de suite. Cette approche sans fantaisie est typiquement australienne, simple et efficace.

lizard island

hôtel

lizard island lodge

Lizard Island abrite un centre de recherche océanographique et un grand nombre de « monitor lizards », espèce de varan dont l'île tire son nom. Bien que très proche des tropiques, ce petit bout de terre de 1 200 hectares est assez aride en raison des vents incessants et de la rareté des pluies. Ses côtes bordées de 24 plages de sable blanc valent à elles seules le voyage. L'hôtel Lizard Island occupe la plus belle et la plus préservée de ces plages. Construit en 1975, ce havre de grand luxe associe le meilleur de l'hôtellerie à des sites de plongée véritablement spectaculaires.

Trois minutes après votre descente d'avion, vous vous retrouvez dans l'hôtel, vaste structure discrète à un seul étage au parquet en bois massif, meublée de sofas en osier et de fauteuils en bois qui créent une atmosphère de luxe décontracté. Les chambres, rayonnant de chaque côté de la résidence, ouvrent directement sur une terrasse privée ombragée ; certaines disposent d'un lit de repos, d'autres d'un hamac. Les conditions de votre séjour dépendront de votre hébergement. Les villas Sunset, construites sur la pente douce d'une colline surplombant Sunset Beach, sont éparpillées dans l'environnement naturel du *bush* (végétation de buissons serrés et d'arbres isolés) ; les suites et chambres Anchor Bay, reliées à la plage principale par une allée de sable blanc, s'ouvrent

en bref

Aéroport	Cairns via Sydney
Compagnies	Qantas, Air France, puis Macair jusqu'à Lizard Island (poids maximum des bagages : 20 kg)
Transfert	55 mn par avion
Hébergement	40 chambres (toutes climatisées)
Staff ratio	1+
Activités	excursions en bateau à fond de verre, visite d'une station de recherche, pêche, catamarans, dinghies, pique-nique à la plage, spa, gymnase, piscine, tennis
Services	Internet, télévision, Bose Sound System, lecteur DVD au club
Enfants	12 ans et +
Courant	prises à trois fiches
Monnaie	dollar australien
GMT	+10
Téléphone	+61 7 40431999
Site Internet	www.lizardisland.com.au
Réservations	www.plongee-chic.com

sur un parc vallonné de palmiers, de pins et de roses de mer. Les villas vous plongent dans l'atmosphère du *bush* australien et Anchor Bay évoque les vacances à la plage. Le grandiose Pavilion concilie le meilleur de ces deux mondes et se démarque par sa piscine privée. Ici, la nature suit son cours : pas de parterres de fleurs impeccablement entretenus, mais vous pourrez découvrir, par exemple, ce nid suspendu à côté du bar, apparemment occupé par un soui-manga, ou surprendre les varans qui viennent s'abreuver dans la pataugeoire en forme de coquillage... L'hôtel s'inscrit harmonieusement dans la nature.

La cuisine de l'hôtel propose le meilleur de la « fusion cooking » australienne. En dehors des pique-niques apportés sur la plage, tous les repas sont servis dans le restaurant semi-circulaire qui domine la mer. Ce pavillon en plein air – pour que rien ne vous sépare du magnifique décor extérieur –, symbolise vraiment le style *aussie* (australien).

Durant votre séjour, vous pourrez avoir autant ou aussi peu d'activités que vous le souhaitez. Une flotte de dinghies motorisés est à votre disposition pour vous conduire jusqu'à la plage de votre choix, avec, bien-sûr, un copieux panier-repas pour le déjeuner.

Vous pouvez également rejoindre à pied des baies éloignées, faire une randonnée jusqu'à Cook Point pour contempler le panorama, ou encore participer à une excursion en bateau à fond de verre, idéal pour découvrir la faune marine sans se mouiller. Si vous préférez la tranquillité, de nombreuses possibilités de détente s'offrent à vous comme la piscine ou le spa Azure.

Le jour du départ, la remise des clefs s'effectue en fin de matinée et la plupart des vols ont lieu l'après-midi, mais l'hôtel met tout en œuvre pour vous dépayser jusqu'à l'instant où vous quitterez cette île paradisiaque au parfum d'antipodes.

Le Beach Club, situé à l'extrémité ouest de la plage de l'hôtel, comprend une salle de cours, des locaux de stockage, des râteliers pour l'équipement et une petite boutique de plongée. Il met à votre disposition toute une gamme d'équipements, mais si vous apportez le vôtre, un membre de l'équipe s'en occupera tout au long de votre séjour.

le centre

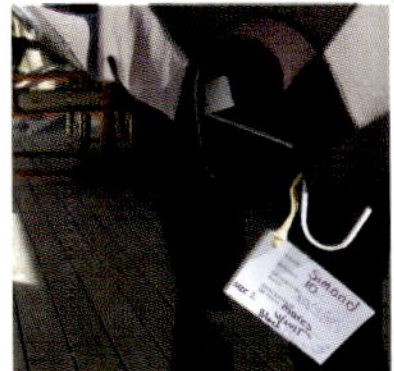

Pour les sorties sur la barrière de corail, le bateau, un MV Serranidae de 16 mètres, dispose d'un grand espace abrité et d'un solarium. Pour les sorties plus proches, le club peut également mettre en service un bateau de 13 mètres. Tous les deux jours sont organisées des sorties d'une journée vers les sites de plongée du récif extérieur et vers Cod Hole, de renommée mondiale. Des sorties d'une demi-journée vers des systèmes récifaux plus proches sont également proposées. En réservant votre séjour, vérifiez que vos dates ne coïncident pas avec les très rares fortes marées, qui rendent toute plongée impossible.

À l'arrivée sur le site, la plongée commence à partir d'une grande plate-forme posée au-dessus de la mer. À votre retour au bateau, l'équipe se charge de tout : on vous enlève l'équipement et on vous sert un excellent déjeuner. Que vous soyez plongeur ou adepte du snorkelling, cet endroit est un « must ».

Ce centre de plongée, presque parfait, ne propose malheureusement pas de cours, mais il est possible d'y acquérir votre certification *Open water*. Le centre applique strictement la réglementation. Faites savoir à l'avance si vous avez déjà pris des cours pour connaître les documents que vous devez apporter.

en bref

Bateaux	14m et 16m
Taille du groupe	6
Instructeurs	8+
Langue	anglais
Cours	certification Open water
Enfants	14 ans et +
Autres	location d'ordinateurs, préparation et nettoyage de l'équipement, navettes privées, boutique de plongée

L'exploration de la Grande Barrière est une expérience vraiment inoubliable, surtout dans les eaux du nord encore relativement intactes. Il faut avoir vu la taille, la variété et la quantité de coraux pour le croire ! Il est impossible de décrire en détail cette plongée tant il y a d'espèces différentes. Pour les non-plongeurs, le snorkelling est superbe ; on peut se laisser flotter sur les eaux peu profondes tachetées de lumière et ne rien manquer du spectacle.

la plongée

Cod Hole, le site le plus connu, est réputé pour abriter d'énormes mérous amicaux et gourmands. La plongée commence par une séance de « feeding » dirigée et strictement réglementée à environ 9 mètres : on s'agenouille sur le fond au milieu de mérous de plus de 40 kilos qui attendent que le guide leur serve le déjeuner. En échange, ils acceptent quelques gentils tapotements. Les guides attirent les mérous jusqu'à la surface pour les snorkellers.

Cette séance est certes amusante, mais ne vous attardez pas trop et poursuivez pour explorer le mur extérieur du récif qui descend jusqu'à 21 mètres avant d'atteindre le principal tombant. Cette plongée facile vous fera rencontrer des poissons-clowns, des napoléons, des perroquets à bosse, des murènes vertes, des poissons-lions... L'originalité de ce site réside dans la qualité et la quantité des coraux multicolores, dont le magnifique corail corne de cerf.

New Reef est un site sans difficulté, en eaux peu profondes, où fleurissent sur des hectares des cornes de cerf et des coraux choux-fleurs. Il est également accessible en snorkelling : vous pouvez passer des heures dans à peine 3 mètres d'eau à observer notamment des planaires et sans doute les plus grosses palourdes du monde. Dynamite Pass est normalement une plongée facile mais peut devenir

en bref

Sites	2, et de nombreux sites sur la Grande Barrière de corail
Niveau	facile
Visibilité	30 m sur le récif extérieur, 15 m sur le récif intérieur
Musts	Cod Hole, Dynamite Pass
Snorkelling	excellent sur le récif, superbe depuis le bateau
Combinaison	5mm (3mm en été)
Coraux	totalement préservés
Faune	palourdes géantes, mérous géants, napoléons, perroquets à bosse, baleines à bosse, raies mantas, requins, murènes vertes, poissons-lions, poissons-clowns
Autres	caisson hyperbare à Townsville (à 2 h), sorties à la journée alternativement à la Grande Barrière et sur le récif, parc marin

à gauche, en haut
Mrs Watson's Clam Garden : dans ce site, vous pourrez faire du snorkelling au milieu de dizaines de palourdes géantes, certaines âgées de plus de cent ans. Un biologiste de la vie marine vous guidera.

page de droite
La quantité, la qualité et la variété des coraux de la Grande Barrière est stupéfiante.

dérivante s'il y a du courant. Vous rencontrerez sans doute un napoléon curieux (et affamé) ou des requins pointes blanches endormis. Avec une consommation raisonnable d'oxygène, vous pouvez rester plus d'une heure sous l'eau dans tous ces sites, aussi une combinaison d'au moins 5 millimètres est-elle indispensable.

Plus près de la base, North Direction Island (nom typique du système de nomenclature australien, simple et direct) et Magillivrays Reef se caractérisent par une visibilité moindre,mais offrent aussi de belles plongées. Le récif qui entoure le premier site est abrité des vents dominants et les conditions y sont toujours relativement bonnes. D'une profondeur comprise entre 4,50 et 12 mètres, le fond de sable fin est parsemé de *bommies* recouverts de coraux, et l'on peut dériver doucement de l'un à l'autre en contemplant ces merveilles sous-marines.

Au retour de cette sortie, un étonnant « fish feeding » vous attend : deux requins nourrices de 3 mètres s'approchent de la plate-forme de plongée. Une forme sombre est parfois à l'affût dans les parages : Simon, un mérou géant de 2,50 mètres et de plus de 250 kilos. Il remonte à la surface quand il ne peut plus résister à l'odeur du poisson, mais il est très rapide, ne le lâchez pas des yeux.

à gauche
Snorkelling au milieu des tortues vertes au large de Casurina Beach, une plage idéale pour pique-niquer.

à droite
La Grande Barrière de corail habitat du poisson-clown.

ci-dessous
Une grande pieuvre se dresse soudain devant le plongeur.

page de gauche
Les mérous géants de Cod Hole ne se sentent pas menacés par les plongeurs.

ci-dessous
Deux grands requins nourrices se présentent régulièrement sous la plate-forme de plongée.

Il fut un temps où les Fidjiens avaient tendance à vous manger tout cru plutôt qu'à vous souhaiter la bienvenue, mais aujourd'hui, les redoutées « îles des cannibales » sont habitées par un des peuples les plus amicaux de la planète. Le mélange des cultures y est fascinant et, si les médias ont abondamment évoqué les conflits ethniques entre Fidjiens autochtones de souche mélanésienne et Fidjiens d'origine indienne, ces troubles se déroulent généralement dans l'ombre et ne doivent pas dissuader les touristes de visiter le pays.

Les Fidji ont une population de 850 000 habitants, dont 75 % vivent sur Viti Levu, l'île principale. Les 330 autres îles sont pour la plupart désertes ou vivent à un rythme des plus paisibles.

L'hôtellerie de Viti Levu est avant tout destinée au tourisme de masse. Vous serez certainement obligé d'y descendre en raison des horaires des avions et l'un des meilleurs choix, avec le Fiji Beach Resort, est le Westin Resort & Spa, à environ 20 minutes de l'aéroport. Si Viti Levu n'est pas dépourvue d'intérêt, mieux vaut ne pas s'y attarder, car vous ne découvrirez la véritable beauté de cet archipel qu'en vous aventurant dans d'autres îles.

Si la plupart des îles des Fidji sont splendides, il en est une véritablement remarquable, où vous pourrez découvrir les meilleurs endroits pour plongée. Une île de rêve : Wakaya.

Avec un peu de chance, vous passerez peut-être moins d'une heure à Fidji même, avant d'embarquer en douceur pour un court vol en direction du nord dans le petit mais luxueux avion de l'île. Quarante minutes de vol pour rejoindre l'île privée de Wakaya en passant au-dessus des collines verdoyantes de Viti Levu, puis des récifs scintillants se découpant sur des eaux turquoise.

île de wakaya

hôtel wakaya

« Bula », ou bienvenue sur votre île de neuf cents hectares, dont moins de 10 % ont été aménagés. Le reste a été laissé à la nature. L'île abrite de nombreux animaux sauvages : cerfs, chevaux, chèvres et cochons. Après 10 minutes en 4 x 4, l'hôtel se révèle au visiteur, à taille humaine et à l'atmosphère intime : pas de réception démesurée, simplement 10 chambres discrètes situées dans des jardins tropicaux luxuriants et faisant toutes face à la mer de Koro.

Au départ, l'endroit n'a rien de vraiment impressionnant, mais c'est ce qui fait le charme de Wakaya, tout en discrétion, en atmosphère feutrée. Cela explique probablement l'attrait qu'il présente pour les plus grandes stars de Hollywood depuis les vingt dernières années et même pour Keith Richards, dont la chute du haut d'un palmier est passée à la postérité – et ce qui a probablement fait plus de publicité à cet hôtel discret qu'il n'en aurait voulu. Le contraste avec le monde que l'on laisse derrière soi est très marqué. On se sent immédiatement à des années lumière de tout.

Il serait inexact de le décrire comme un établissement vraiment chic ; c'est plutôt un bel hôtel traditionnel extrêmement bien entretenu, qui fait la part belle à la culture fidjienne. Il aurait pu ouvrir la veille, tant son entretien est minutieux. Au cœur d'une

en bref

Aéroport	Nadi
Compagnies	Air New Zealand, Air Pacific, Korean Air, Qantas
Transfert	40 mn de vol puis 10 mn en 4 x 4
Hébergement	10 chambres (toutes climatisées)
Staff ratio	10+
Activités	tennis, croquet, boules, golf 9 trous, spa, pêche à la mouche et en haute mer, randonnées, gymnastique, billard, cérémonie du kava
Services	room service
Enfants	16 ans et +
Courant	prise 3 fiches plates
Monnaie	dollar fidjien et américain
GMT	+10
Site Internet	www.wakaya.com
Réservations	www.plongee-chic.com

cocoteraie, parmi les palmiers qui s'élancent vers le ciel, se niche un petit nombre de bâtiments. En arrière-plan, un golf 9 trous à la pelouse impeccable, des courts de tennis, un terrain pour jouer au croquet, une salle de gym...

C'est le seul hôtel que je connaisse au monde où, indépendamment de l'heure de la journée ou de la nuit à laquelle vous arrivez, votre chambre sera prête : ils ne la louent ni le jour d'avant, ni le jour d'après votre réservation, tout simplement. Les chambres sont spacieuses et de style traditionnel (hautes de plafond, aux murs tressés et au parquet au sol). Si elles ne sont pas particulièrement impressionnantes en comparaison d'hôtels plus luxueux, elles sont parfaitement équipées. La salle de bains, plus chic, possède une grande baignoire et une étonnante douche extérieure vitrée. Si vous êtes deux couples voyageant ensemble, la Governor's Bure est une assez bonne affaire, avec deux chambres aux proportions encore plus généreuses et un salon à partager.

La plage principale, superbe bande de sable de corail blanc à perte de vue, a perdu un peu de sa splendeur après le passage récent de plusieurs cyclones, mais le sable recommence déjà à s'accumuler. Toutefois, comme on se trouve sur une île privée, on n'est pas limité à une seule plage. On peut tout à fait opter pour un pique-nique sur un rivage désert.

Déjeuners et dîners sont annoncés par un roulement de tambour fidjien (fabriqué dans un tronc creux), dont le bruit sourd sort les clients indolents de leur rêverie. Heureusement, l'hôtel fait preuve d'une certaine délicatesse à leur égard en les laissant tranquilles au petit-déjeuner. Le directeur de l'établissement est un ancien chef cuisinier. On sent sa patte dans tous les plats, bien que le nouveau chef travaille ici depuis des années. Grâce à leur collaboration, chaque repas est un festin – quelques choix simples mais qui raviront tous les palais. Tout y est délicieux. On a toujours un choix de poissons locaux cuits à la perfection. Si le temps le permet, les repas sont servis sur la vaste terrasse ombragée qui fait face à la mer. Les tables sont espacées, on est sûr d'avoir son intimité.

Cet hôtel n'est pas spécialisé dans la plongée, loin de là. Mais les plongées proposées figurent assurément parmi les plus belles. De là à lui décerner le titre de meilleur « hôtel de plongée » au monde il n'y a qu'un pas, que vous aurez peut être la tentation de franchir.

Si vous n'aimez pas trop le bateau, sachez que Wakaya propose probablement les plongées les plus faciles, les plus confortables et les plus chics de Fidji, voire du monde. Difficile de trouver ailleurs des plongées aussi incroyables dans un endroit aussi facile d'accès – presque tous les sites sont à cinq minutes chrono de la jetée, qui se trouve à trente secondes du centre de plongée.

le centre

Si on se donne rendez-vous pour plonger à 9h30, après un petit-déjeuner tranquille, on peut aisément aller dans deux sites différents et être de retour bien avant l'heure du déjeuner, ce qui laisse le reste de la journée pour explorer l'île ou simplement se reposer ; ou bien si l'on veut, pour plonger de nouveau.

Le centre, petit mais modèle, occupe une position enviable à une extrémité de la plage ; l'équipement y est varié et de bonne qualité (du Scubapro en majorité). Les sites sont tous si proches que les bateaux, même petits, sont tout à fait adéquats. Si vous n'êtes que deux, il est fort probable que vous monterez à bord du monocoque de 6 mètres en aluminium pour effectuer le court trajet ; si vous devez vous rendre dans l'un des sites plus distants (ce qui reste relatif étant donné que Saxophone, le plus éloigné de tous, n'est qu'à quinze minutes de bateau), ou bien si vous êtes plusieurs, le catamaran de 8 mètres est la méthode habituelle de transport. Les plongées ont normalement lieu à 10h, mais elles peuvent se faire à l'heure de votre choix.

Les plongées sont extraordinaires, et, vu la qualité et la quantité de récifs dans la zone, il doit sûrement y avoir d'autres sites plus fantastiques encore attendant toujours d'être découverts.

en bref

Bateaux	6 et 8 mètres
Taille du groupe	4
Instructeur	1
Langue	anglais
Cours	PADI (tous niveaux)
Enfants	12 ans et +
Autres	préparation et lavage de l'équipement, location d'ordinateur

ci-dessus
Les récifs grouillent littéralement d'anthias de toutes les couleurs.

ci-dessous
Les abords de la plage méritent une séance de snorkelling.

En mettant peut-être le détroit de Somosomo à part, ce sont certainement les meilleurs sites de plongée de Fidji. Ce sont en tout cas les plus faciles, les plus agréables et les moins fréquentés, et tout cela à quelques minutes seulement de la jetée de l'hôtel.

la plongée

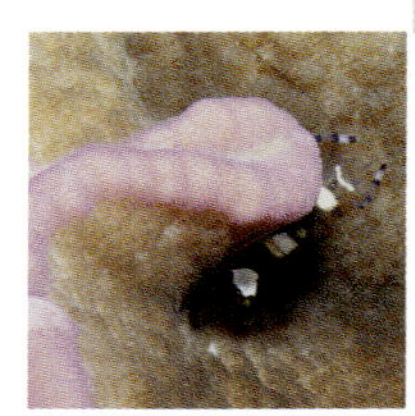

Seuls les clients du Wakaya peuvent plonger ici (mis à part un yacht qui vient mouiller de temps à autre), et comme dans les meilleurs sites de plongée, c'est ce faible taux de fréquentation qui donne un caractère exceptionnel à l'endroit. C'est aussi ce qui permet de maintenir l'extraordinaire santé des récifs.

Ce groupement de récifs se distingue notamment par sa combinaison de coraux durs et mous d'excellente qualité. Ici la décoloration est un terme qui ne se rapporte qu'aux vêtements. Si les îles Fidji sont réputées être la capitale mondiale des coraux mous, ici, les coraux durs sont encore plus extraordinaires : des coraux-cerveaux vraiment gigantesques, des couches entières de coraux-champignons disparaissant dans les profondeurs, des grands coraux étoilés, des porites et le plus spectaculaire de tous, le trachyphyllia rouge, à la couleur si vive, tout à fait extraordinaire.

Au-delà des coraux, la faune marine est encore remarquable. De la raie manta au poisson fantôme, du requin marteau à la murène ruban bleu, du poisson scorpion feuille aux nudibranches, la diversité est incroyable. Mais, les nuages d'anthias et les extraordinaires coraux valent à eux seuls le voyage.

ci-dessus
De grands bancs de carangues se donnent rendez-vous au pic de Saxophone, l'une des plongées incontournables.

en bref

Sites	15
Niveau	facile à intermédiaire
Visibilité	30 mètres
Musts	Lions Den, Saxophone, Hells Gate, Homestead passage
Snorkelling	très bonnes excursions à faire, bon depuis le *house reef*
Combinaison	3mm
Coraux	durs et mous en excellent état
Faune	poissons scorpion feuille, requins à pointes blanches de récif, requins marteau, raies manta, requins gris de récif, murènes ruban bleu, baleines-pilotes, poissons napoléon
Autres	plongées de nuit, caisson hyperbare à Suva

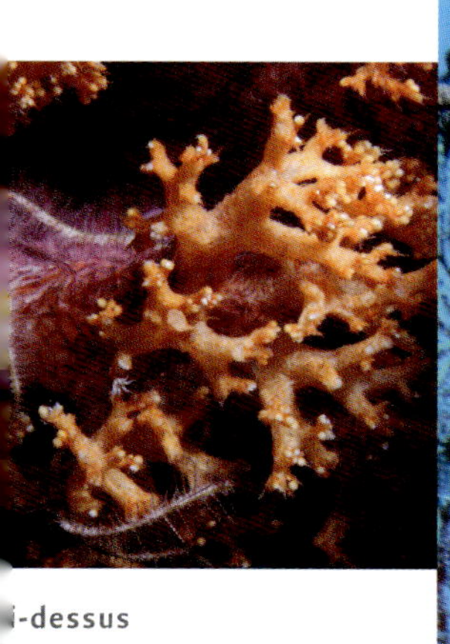

i-dessus
'innombrables nuances
e coraux mous à découvrir.

droite
ı qualité des récifs est
ıne des meilleures des
es Fidji, voire du monde.

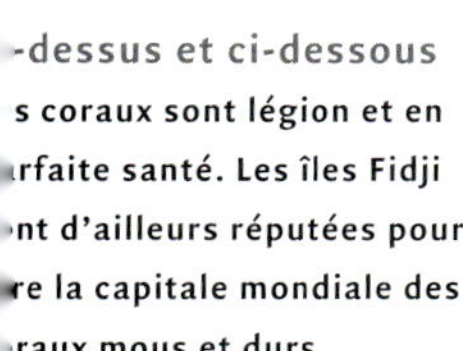

-dessus et ci-dessous
s coraux sont légion et en
ırfaite santé. Les îles Fidji
ınt d'ailleurs réputées pour
re la capitale mondiale des
raux mous et durs.

ci-contre, de gauche à droite, de haut en bas
Les gorgones géantes sont partout, ici dans une nuée d'anthias violets ; un poisson-scorpion ; arrêtez-vous et prenez votre temps pour étudier les récifs ; les raies manta arrivent quasiment à la demande.

ci-contre, en haut
Le gouffre de Saxophone et sa sortie spectaculaire dans le grand bleu.

ci-contre, en bas
Le plus remarquable des coraux cerveau, le trachyphyllia rouge, dont la couleur est incroyable à la lumière naturelle.

Vous pourrez plonger normalement à Homestead et Lion's Den, deux des plongées à faire absolument, quelque soit le temps. S'il est au beau fixe demandez à aller à Saxophone. L'aventure commence par un large gouffre qui tombe à pic dans le récif jusqu'à une ouverture dans la face de la paroi rocheuse environ vingt mètres plus bas.

Une fois franchi le cap de cette sorte de caverne, où pourtant on n'a pas de sensation de claustrophobie, il suffit ensuite de se laisser dériver le long des champs de coraux. L'endroit le plus profond est une sorte de pic qui fait saillie dans le courant. Il faut s'y attarder pour regarder passer les bancs de barracudas, les tortues et les raies manta ; puis, on pourra rebrousser chemin vers les incroyables champs inclinés de coraux.

Il y a tant de plongées à faire que cela demande un peu d'organisation. Prévoyez des plongées le matin et le soir et, pour faire bonne mesure, quelques-unes de nuit. Le mieux est bien sûr d'y passer 5 jours. Mais pour cela – et comme il vous faudra attendre 24 heures après votre dernière plongée pour prendre l'avion – faites-en sorte de programmer votre départ un lundi afin de ne pas perdre de jour de plongée, Fidji est une société chrétienne où le repos dominical est encore très respecté.

polynésie française

Eaux turquoise et cristallines, sable d'un blanc immaculé, cocotiers bercés par le vent, ciel d'un bleu cobalt... ajoutez à tout cela la culture pittoresque et exotique des Polynésiens, et vous obtenez un mélange véritablement exceptionnel. Tahiti, Bora Bora, Moorea, Huahine, Manihi, Rangiroa, Fakarava – la seule évocation de ces noms suffit à nous faire rêver.

Il y a toutefois un bémol à ce tableau idyllique : Papeete figure dans la liste des villes les plus chères du monde, aux côtés de Tokyo et de Londres. Les horaires des vols impliquent souvent que vous passiez une nuit à Papeete, au début et à la fin de votre séjour, mais, à moins d'être un fanatique de Gauguin ou de vouloir visiter le magnifique arrière-pays, vous ne vous y éterniserez pas.

Éparpillées sur une zone grande comme neuf fois la France, les îles qui composent la Polynésie française comprennent notamment les îles de la Société et les Tuamotu. Reliées par des vols intérieurs, les premières sont des îles volcaniques avec de hautes montagnes couvertes d'une végétation luxuriante, tandis que l'archipel des Tuamotu se compose d'atolls, îles basses cernées d'anneaux de corail aux eaux translucides, où l'on produit de magnifiques perles noires. Ces groupes d'îles ne sont séparés que d'une centaine de kilomètres, mais ils sont cependant très différents.Quand on a fait un long voyage jusqu'à cette région reculée, il faut absolument visiter trois ou quatre îles différentes.

Le Four Seasons porte haut les couleurs de Bora Bora avec un emplacement idyllique au cœur d'un chapelet de petits atolls coraliens. C'est un endroit rêvé pour découvrir cette île mythique et profiter des nombreux sites de plongée à proximité immédiate.

bora bora

hôtel

four seasons bora bora

L'arrivée sur le *motu* – un petit îlot de sable corallien – après un vol de 45 minutes seulement depuis Papeete, est aussi détendue que possible. On ne peut simplement rêver mieux comme aéroport, l'endroit est paisible, au bord de l'eau, sans aucune voiture en vue. L'hôtel est agréablement situé sur ce chapelet de petites îles aux plages de sable blanc séparées seulement du mont Otemanu par des eaux claires aux nuances bleu turquoise. Aucune route ne mène à cet aéroport, des membres du personnel du Four Seasons vous accueillent, avec vos bagages, et vous guident vers des bateaux à moteur flambant neufs reconnaissables à leur coque bleue. Amarrés à quelques mètres seulement du hall d'arrivée de l'aéroport, ils vous déposeront dix minutes plus tard, à la vénitienne, devant la réception de l'hôtel. Comme à Venise, les chambres sont toutes perchées au-dessus de l'eau – sauf qu'ici il s'agit d'un lagon. Incontestablement la façon la plus chic d'arriver dans un hôtel.

L'hôtel est plutôt grand (il compte plus d'une centaine de chambres), mais l'espace ne manque pas. Toutes les chambres, ou presque, sont bâties sur pilotis ; on y accède en empruntant de longs pontons en bois qui s'élancent depuis la plage toute proche. Les quelques villas sont situées sur le *motu* et ont leur plage privée. Sur la vingtaine d'hectares du site, chaque tranche d'âge trouvera son bonheur dans un espace

en bref

Aéroport	Bora Bora via Papeete
Compagnies	Air France, Air Tahiti Nui,
Transfert	10 mn en bateau
Hébergement	100 chambres et 7 villas
Staff ratio	2+
Activités	spa, fitness, yoga, tennis, badminton, snorkelling, piscine, sports aquatiques, clubs de jeux pour enfants et adolescents, kite surf, parachute ascensionnel, pêche, jet-ski, kayak, chapelle
Services	wi-fi, téléphone, lecteur DVD et CD, climatisation, télévision par satellite, room-service
Enfants	tous âges, possibilité de garde
Courant	prise ronde à deux fiches
Monnaie	franc pacifique
GMT	-10
Site Internet	www.fourseasons.com
Réservations	www.plongee-chic.com

qui lui est destiné. L'hôtel s'étend sur trois *motus* initialement séparés, mais aujourd'hui reliés entre eux par une série de ponts enjambant un lagon aux eaux calmes et ondoyantes. Le lieu idéal pour pratiquer tranquillement le snorkelling. Plus important, c'est l'un des rares lieux que je connaisse où l'on peut, depuis son bungalow, les pieds dans l'eau, admirer les eaux turquoise et transparentes avec l'île en arrière-plan ; d'habitude, la configuration est telle que l'on ne peut voir que la mer. Les bungalows en bois sont joliment aménagés, avec tout le confort moderne, et ont des chambres séparées du salon par une grande salle de bains, ce qui est plutôt inhabituel mais assez marquant. Dans chaque chambre, une immense baie vitrée donne sur la terrasse avec accès direct à la mer.

Les vastes jardins sont luxuriants. Frangipaniers, gardénias et fleurs de tiaré embaument l'air de la promenade du soir ; l'odeur du tiaré est d'ailleurs si évocatrice que le chef cuisinier, Gilles, s'est servi de son essence pour créer un parfum de glace. Bref aperçu de sa créativité, comme vous le prouvera un dîner à l'Ari Moana, surtout si vous êtes amateur de fruits de mer. La nourriture est délicieuse, que ce soit au petit-déjeuner, près de la piscine, au déjeuner (au bar de plage Fare Hoa), au dîner, sur la terrasse du Tere Nui, ou encore en soirée au Sunset Bar, pour déguster quelques sushis. Sans oublier les dîners à thème occasionnels. Difficile de se lasser.

Cet hôtel cible une clientèle familiale et ne s'en cache pas. Mais il le fait en veillant à conserver également un espace réservé aux adultes qui recherchent la tranquillité. Les sports aquatiques sont innombrables (le jet-ski est idéal pour faire le tour de l'île). Il y a également un spa haut de gamme et à peu près tous les équipements que l'on peut souhaiter dans un grand hôtel sous les tropiques. Des activités sont proposées spécifiquement aux enfants et aux adolescents, il y a donc de fortes chances pour que vous ne les croisiez pas du séjour.

Le relief étonnamment découpé de Bora Bora en fait sans doute l'un des plus beaux sites au monde. Le surnom de « plus belle île au monde » qu'elle s'est octroyée n'est pas usurpé. S'y réveiller est un grand bonheur. À votre arrivée, vous aurez sûrement en tête les mots de Robert Louis Stevenson, quand il débarqua sur ces îles en 1888 : « Je regardai tout alentour, comprenant que j'étais au pays enchanté ».

NITR
NITRO
BATHYS DIVING
TAHITI · MOOREA · BORA BORA

Une nouvelle structure est passée maître dans l'organisation de plongées : Bathys Diving. Il existe enfin une structure prête à investir vraiment pour développer un vrai centre de plongée à Moorea et Bora Bora. Impossible de trouver mieux sur place, notamment au niveau des équipements.

le centre

Bateaux traditionnels flambant neufs, gilets stabilisateurs et détendeurs dernier cri, serviettes gaufrées, fruits frais à disposition entre deux plongées, réfrigérateur et tout le matériel de sécurité nécessaire : pas de doute, tout cela a été pensé par un plongeur expérimenté. Bathys Diving est dirigé par un groupe de Français et de Polynésiens adorables.

Le Nitrox est compris dans le prix, tout comme la voiture qui viendra vous chercher à l'heure à votre hôtel. Si vous êtes d'humeur à faire des folies, une session privée de plongée à Motu Tapu vaut bien le supplément, à condition de s'arranger pour être le premier bateau sur place, pour ne pas manquer le rendez-vous avec le requin-citron.

Soyez sur la jetée du Four Seasons pour 8h15 et comptez environ un quart d'heure de trajet entre la passe et le récif extérieur, où se trouve leur base principale ; de là vous serez peut-être transféré sur un autre bateau selon la taille du groupe. Vous êtes obligé de passer par là pour accéder aux sites de plongées. Encore cinq à dix minutes de trajet et vous voilà sur les plus beaux sites de plongée.

en bref

Bateaux	7 mètres
Taille du groupe	5
Instructeurs	7
Langues	français, anglais
Cours	PADI (tous niveaux)
Enfants	8+
Autres	boissons, préparation et lavage du matériel, affrètement privé, safari aquatique (possibilité de plonger en scaphandre ou sans bouteille)
Site Internet	www.bathys-diving.com

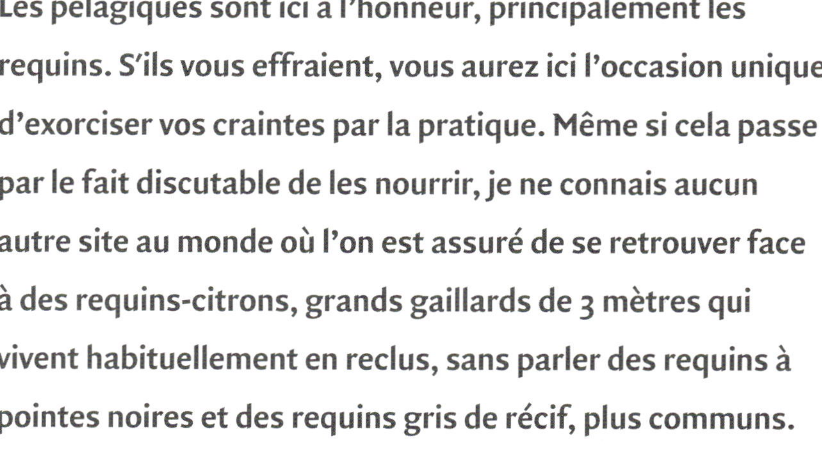

Les pélagiques sont ici à l'honneur, principalement les requins. S'ils vous effraient, vous aurez ici l'occasion unique d'exorciser vos craintes par la pratique. Même si cela passe par le fait discutable de les nourrir, je ne connais aucun autre site au monde où l'on est assuré de se retrouver face à des requins-citrons, grands gaillards de 3 mètres qui vivent habituellement en reclus, sans parler des requins à pointes noires et des requins gris de récif, plus communs.

ci-dessus
Il est courant de voir des bancs de carangues et de barracudas

la plongée

Lorsque vous arriverez à Motu Tapu, ne soyez pas surpris de voir le moniteur de plongée enfreindre toutes les règles : après avoir fourré des têtes de poisson dans son gilet, il fait le grand saut dans des eaux connues pour être infestées de requins et vous enjoint de le suivre. Si cela peut sembler alarmant au départ, cette technique se pratique depuis des années sans qu'il n'y ait jamais eu d'accident. Selon la taille du groupe, cependant, on peut être un peu bousculé sous l'eau. Plus le groupe sera réduit, plus la vision de votre guide en train de taquiner les requins qui l'encerclent sera captivante. Payer un affrètement privé en vaut vraiment la peine, si vous voulez avoir la garantie d'être au cœur de l'action.

Certes, cette pratique de nourrir les poissons est contestable, mais il n'existe aucun autre moyen de se retrouver si près d'un requin citron de façon si régulière, quasiment à la demande. Un conseil : au contraire de la plupart de leurs congénères, les requins citron nagent à quelques centimètres seulement au-dessus du récif. Si vous voulez vraiment faire le plein de sensations, vous devez descendre aussi bas que possible, pour les voir face à face, sinon vous ne verrez que leur dos gris. C'est sans conteste la plongée la plus complète et la plus belle. La première rencontre se fait avec le requin-citron. Puis, en remontant la colonne d'eau vous

ci-contre, de gauche à droite, de haut en bas
Les balistes sont devenus les seuls prédateurs de l'acanthaster pourpre, qui dévaste les coraux. Leur prédateur naturel (le triton géant) se retrouve hélas plus souvent sur les étalages pour touristes que sur les récifs ; des murs entiers de bénitiers aux innombrables couleurs tapissent les fonds ; les acanthasters pourpres ont beau être le fléau des récifs, elles restent fascinantes à examiner en détail ; bien que le corail soit quasiment mort, le récif regorge de vie.

en bref

Sites	10+
Niveau	facile à avancé
Visibilité	30 m en dehors du récif, 12 m sur le récif
Musts	Muri Muri, Tapu, Tupitipiti
Snorkelling	Superbe sur le récif, très bon depuis le bateau
Combinaison	3mm
Coraux	très mauvais état
Faune	requins gris de récif, requins-citrons, requins à pointes noires, raies manta, raies-aigles, bancs de barracuda, baleines à bosse, thons, poissons napoléon, dauphins
Autres	caisson hyperbare à Tahiti (à 1 heure), plongées de nuit

ci-contre
la plupart des poissons peuvent être facilement approchés, peut-être parce qu'ils sont nourris par les plongeurs...

en bas
Un lieu idéal pour se familiariser avec les requins

ci-contre, de gauche à droite, de haut en bas
Une armée de poissons tropicaux se rue sur les restes de nourriture ; les grands requins-citrons feront battre votre cœur d'excitation ; c'est peut-être une mauvaise chose de nourrir les poissons, mais... ; malgré les récifs décimés, il est très courant de croiser des murènes ponctuées et des murènes vertes .

croiserez ensuite murènes ponctuées, murènes vertes, pieuvres, balistes géants, tortues et bancs de barracudas, invariablement accompagnés d'une armée de poissons tropicaux aux couleurs éclatantes, tous attirés par l'odeur forte qui se dégage de la combinaison de votre moniteur. Ils espèrent bien évidemment qu'il y aura quelques restes pour eux.

À Muri Muri, vous verrez des requins à pointes noires et des requins gris de récif s'approcher sans peur aucune et tourner en cercles serrés autour du groupe pendant toute la durée de la plongée. Une fois leur déjeuner englouti, vous pourrez profiter du superbe spectacle des bancs de carangues et des tortues, qui sont d'un abord incroyablement facile : elles semblent même rechercher le contact avec l'homme. Difficile cependant de faire la mise au point avec son appareil photo, tant elles s'évertuent à vouloir manger l'objectif.

À Anau, vous verrez surtout des escadrons entiers de raies-aigles et d'innombrables anémones avec leurs fidèles compagnons les poissons-clowns, et ce malgré une visibilité médiocre dans le chenal lui-même. Au début et à la fin de la plongée, vous pourrez admirer des coraux exceptionnels, qui paraissent protégés de la vorace acanthaster pourpre, une étoile de mer prédatrice du corail.

Ces sites de plongée sont incomparables pour observer les requins mais peuvent devenir répétitifs si vous restez plus d'une semaine. Il vous faudra alors vous déplacer un peu plus loin pour visiter Tikehau ou le superbe atoll Rangiroa.

Tikehau est un atoll corallien perdu dont la surface ne s'élève que de quelques centimètres au-dessus du niveau de la mer. Mais ne vous fiez pas aux apparences : Tikehau vaut le détour pour ses sites de plongée. De plus, à quinze minutes de bateau à peine, un petit *motu* privé abrite le luxueux hôtel Pearl Beach.

tikehau

hôtel

pearl beach tikehau

L'hôtel s'enorgueillit de 37 bungalows dans le style polynésien avec toit de palmes et murs en bambou tressé. Si presque tous sont climatisés, la brise régulière qui souffle et les efficaces ventilateurs de plafond rendent souvent la climatisation inutile. Portes et fenêtres ouvertes, laissez-vous bercer jusqu'à l'endormissement par le bruit des vaguelettes, le seul que l'on entende d'ailleurs.

Vous avez le choix entre les bungalows de plage et les bungalows sur pilotis. Les premiers sont dispersés parmi les cocotiers dansants sur une étroite bande de sable rose, un sable pas très fin qui convient parfaitement pour le snorkelling en eau peu profonde. Ces bungalows sont dotés d'un ponton et d'une salle de bain intérieur-extérieur. Sur pilotis, vous jouissez d'une vue sur le lagon. Les bungalows Premium ont, eux, un accès direct sur la mer.

Les suites sur pilotis, récemment construites, sont les bungalows les plus grands et les plus luxueux, encore plus tranquilles que les autres. On y accède par une passerelle en bois de 100 mètres de long au-dessus des eaux transparentes. Si vous recherchez la retraite la plus somptueuse qui soit, choisissez le bungalow 45 à l'extrémité du complexe hôtelier.

en bref

Aéroport	Tikehau via Papeete
Compagnies	Air France, Air Tahiti Nui
Transfert	15 mn en bateau
Hébergement	37 chambres (toutes climatisées)
Staff ratio	3+
Activités	observation des oiseaux, visite du village, kayak, spa piscine, volleyball, pétanque, ping-pong, billard, jet ski
Services	téléphone, télévision, lecteur de CD, room service, coffre
Enfants	12 ans et +
Courant	prise ronde à deux fiches
Monnaie	franc pacifique
GMT	-10
Site Internet	www.pearlresorts.com/tikehau
Réservations	www.plongee-chic.com

Les portes-fenêtres de ces suites donnent sur un ponton privé suffisamment spacieux pour accueillir deux chaises longues et un coin repas. Au niveau inférieur, une douche est aménagée, avec des marches descendant dans le lagon. Dans ces conditions, le snorkelling est une véritable partie de plaisir et si vous vous levez tôt, vous aurez peut-être la chance d'observer de petits (et inoffensifs) requins à pointe noire, ou des raies-aigles cachées dans les sables et les coraux.

Les personnes qui séjournent dans les bungalows de plage se demandent souvent pourquoi certains, après un excellent dîner, rapportent pourtant de gros morceaux de pain dans leur bungalow sur pilotis. La clé du mystère réside dans l'aménagement du plancher de ces chambres : un panneau de verre offre une vue sur le lagon et permet de jeter du pain par une petite écoutille adjacente. C'est une version nouvelle du « shark feeding ». Mais mieux vaut jeter du pain directement du ponton – le spectacle sera aussi impressionnant et les squales plus visibles.

Les poissons ne sont pas les seuls à être bien nourris ici ! Le petit-déjeuner est composé de croissants frais, de baguette et de pains au chocolat ; les autres repas, servis au restaurant Porteho, sont tous inspirés d'une cuisine française simple et délicieuse, généralement à base de poisson. Ce choix est logique quand on pense au coût exorbitant des produits importés. En effet, la plupart des aliments, y compris la viande, proviennent d'Australie, de Nouvelle-Zélande, ou d'ailleurs. Toutefois, on est si choyé au Pearl Beach qu'il est facile d'oublier toute la logistique derrière le luxe.

Dans tout le complexe hôtelier, l'atmosphère est discrète et détendue, sans code vestimentaire. Si vous recherchez avant tout le calme, vous pouvez rester allongé sur le sable à contempler les eaux limpides du lagon. Si vous préférez l'aventure, diverses activités vous sont proposées, notamment la pêche à la ligne et un déjeuner sur un motu désert. Autre idée, le spa nouvellement aménagé dans un bungalow, qui propose une gamme merveilleuse de soins et de massages typiquement polynésiens.

140

Le centre de plongée est petit, mais idéalement placé, juste à côté de la réception du Pearl Beach. Dirigé par des instructeurs français, son atmosphère est décontractée et vous signerez un formulaire de décharge de responsabilité étonnamment succinct. Les instructions sont simples : la réglementation impose, à défaut des qualifications nécessaires, une profondeur maximale de plongée de 30 mètres.

le centre

Les plongées ont généralement lieu le matin pour profiter de la lumière. Une sortie de deux plongées est organisée tous les jours. Un choix d'équipements est à votre disposition, mais il vous appartient de le régler, puis de le nettoyer à la fin de la journée. L'équipe le rangera et le préparera pour la prochaine sortie.

Dans le bateau, l'espace est un peu limité et rien n'est vraiment prévu pour les appareils photos sous-marins, même s'il y a un petit compartiment étanche. Un court trajet de 25 minutes à travers le lagon suffit pour atteindre les sites.

La mise à l'eau se fait par saut arrière, mais si vous le souhaitez, le capitaine vous aidera à mettre et à enlever votre équipement dans l'eau. Les groupes comportent au maximum 6 plongeurs, ce qui améliorera votre sens du *pathfinding* (sens de l'orientation sous-marine) et les plongées sont habituellement limitées à 50 minutes. Thé, eau et biscuits sont servis durant les intervalles de surface.

Ce centre est assez rudimentaire, mais assure l'essentiel. Le plus important est que vous ayez conscience de votre chance : il n'y a pas d'autre bateau de plongée autour de vous, les sites sont à vous et à vous seul.

en bref

Bateau	7 m
Taille du groupe	5
Instructeurs	2
Langues	français, anglais
Cours	plongées de certification et cours avancés, pas de cours pour débutants
Enfants	12 ans et +
Autres	boissons, préparation de l'équipement
Site Internet	www.bluenui.com

Le centre de plongée est assez sommaire, mais cela n'a guère d'importance quand on bénéficie de tels fonds marins. Le commandant Cousteau décrivit un jour Tikehau comme « l'atoll le plus poissonneux de la planète ». Ce jugement remonte certes à plusieurs dizaines d'années mais l'endroit est toujours exceptionnel.

ci-dessus
Dans les eaux translucides de Tikehau, des hectares de coraux vierges éblouissants vous accueillent.

la plongée

Si Rangiroa, sa voisine plus grande et plus connue, a deux passes, l'île de Tikehau n'en a qu'une passe, appelée Tuheiva, pour rejoindre l'océan. Cinq des six sites de plongée se trouvent à proximité.

Le Trou aux requins est le meilleur site et, comme les autres, il jouit d'une fantastique visibilité à plus de 30 mètres. Dès le début de votre descente, vous avez la garantie de voir des dizaines de requins gris de récif décrivant des cercles en dessous de vous. Ils s'approcheront très près si vous faites semblant de regarder ailleurs. Vous ne manquerez pas non plus de croiser un napoléon amical se faufilant en d'incessants allers-retours. Lui ne viendra jamais suffisamment près pour que vous puissiez admirer ses couleurs. La paroi rocheuse est littéralement vivante et donne l'impression d'onduler sous des milliers et des milliers de poissons écureuils.

Vous poursuivrez votre chemin jusqu'à un jardin de corail. La Polynésie française ne possède pas de coraux mous, mais elle est sans nul doute la région du monde la plus riche en coraux durs, en particulier ici à Tikehau, avec ces champs qui s'étendent à l'infini. Les eaux peu profondes (rarement à plus de 10 mètres) offrent une vue fabuleuse et c'est une sensation magique que d'évoluer dans un environnement subaquatique d'une telle beauté.

image principale
Un plongeur plane au-dessus d'un tombant abyssal.

ci-contre, en haut
Les coraux de Tikehau assurent un abri aux prédateurs comme aux proies.

ci-contre, au milieu
Les poissons-papillons vont presque toujours par couple. La plupart restent avec le même compagnon toute leur vie.

ci-contre, en bas
Les murènes sont nettoyées par des crevettes et des poissons confiants. Elles paraissent agressives quand elles ouvrent la bouche, mais vous n'avez rien à craindre : c'est ainsi qu'elles respirent.

en bref

Sites	6
Niveau	facile
Visibilité	+ de 30 m
Musts	Trou aux requins
Snorkelling	très bon depuis le bateau
Combinaison	3 mm
Coraux	coraux durs en excellent état
Faune	requins gris de récif, requins à pointe noire, requins-marteaux, requins à pointe blanche, napoléons, dauphins, bancs de carangues à plumes, raies-aigles
Autre	caisson hyperbare à Tahiti (à 1 h)

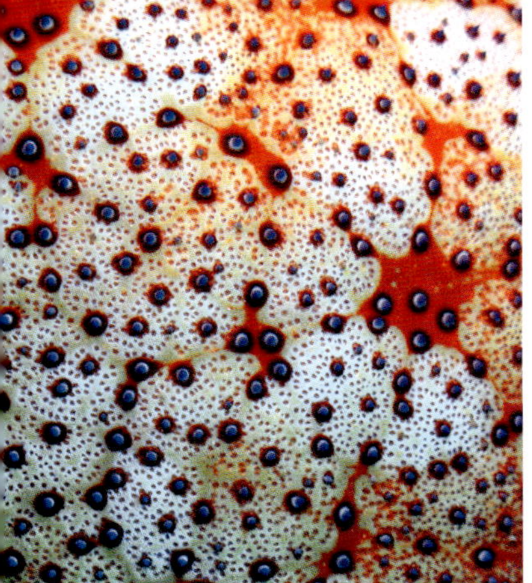

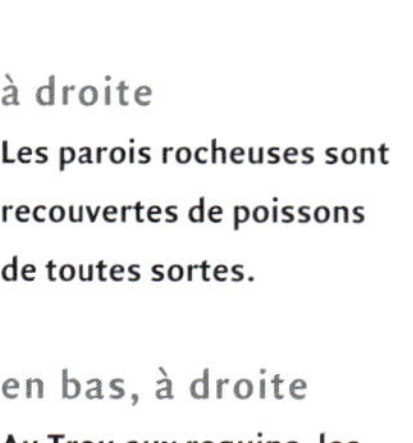

à droite
Les parois rocheuses sont recouvertes de poissons de toutes sortes.

en bas, à droite
Au Trou aux requins, les rencontres avec des requins gris de récif et à pointe noire sont assurées.

ci-dessus
Gros-plan d'une tête de méduse.

page de gauche
Curieux, le napoléon fait son apparition à chaque plongée ou presque.

à droite
La surface déchiquetée du récif offre d'innombrables et discrets postes d'observation aux prédateurs.

Au bord de la passe de Tuheiva, un site, sans nom, est aussi captivant que le Trou aux requins. Les coraux sont dans un parfait état, identique sans doute à celui de tous les récifs coralliens du monde avant les ravages de la pollution et du réchauffement planétaire. C'est une plongée facile, à un maximum de 30 mètres, et vous y trouverez d'innombrables poissons-lions dissimulés dans les surplombs, d'énormes poissons-pierres coincés dans des recoins impossibles, l'éternel napoléon, l'occasionnel requin-marteau. Il n'est pas rare de croiser 4 ou 5 murènes vertes en même temps – mais attention où vous posez les mains, car ces créatures ont la malheureuse caractéristique d'avoir à la fois une mauvaise vue et des dents acérées.

Par temps clément, vous pouvez explorer la pleine mer, juste derrière l'hôtel (mais l'accès en est difficile), tandis qu'à marée montante, vous pouvez traverser la passe où bien des surprises vous attendent, en plongée dérivante rapide. Rien n'est plus fascinant que de se laisser dériver dans des eaux transparentes, en se sachant seul à des kilomètres à la ronde.

costa rica

Indépendante depuis 1821, la république du Costa Rica est un havre de tranquillité et de stabilité en Amérique centrale en proie à des conflits incessants. Situé entre Panamà et le Nicaragua, le Costa Rica est baigné à l'est par la mer des Caraïbes, et à l'ouest par l'océan Pacifique. Environ un tiers du pays est recouvert de forêts tropicales tandis que plusieurs chaînes de montagnes et de volcans traversent le centre. Certains volcans sont toujours en activité. L'Arenal, en particulier – à deux heures de route de la péninsule de Papagayo – présente presque chaque nuit le merveilleux spectacle d'un feu d'artifice.

Si vous connaissez bien la côte caribéenne de l'Amérique centrale, vous serez dépaysé par la côte ouest, tout du moins en ce qui concerne la plongée. L'étroite bande de terre qui relie les deux Amériques sépare également deux habitats marins totalement différents. Les eaux riches en nutriments du Pacifique sont plus sauvages et plus froides que celles des Caraïbes. Elles abritent une faune et une flore marine d'une grande diversité.

Cette richesse naturelle n'est nulle part mieux représentée que dans la péninsule de Papagayo, une étroite bande de terre au nord-ouest de l'une des régions les moins développées du Costa Rica. Là se trouve le premier véritable complexe hôtelier cinq étoiles du pays, le Four Seasons Papagayo.

Il y a quelques années régnait ici la forêt vierge, aujourd'hui des singes hurleurs chapardent des balles sur le parcours de golf et des iguanes s'aventurent jusqu'aux abords de l'hôtel. Les 1 000 hectares de la péninsule de Papagayo font partie d'un projet de développement financé par l'État. Un jour, cette côte sera parsemée de complexes hôteliers, mais pour le moment, le Four Seasons est le seul à en profiter.

hôtel

four seasons peninsula papagayo

Depuis l'aéroport de Liberia, une voiture vous conduit en 30 minutes jusqu'à l'entrée de l'hôtel, annoncée par une magnifique plantation de palmiers. Vous voici arrivé à la porte d'entrée de la péninsule. Sur 8 kilomètres, une route rouge serpente entre la forêt et le green du golf pour atteindre le cœur du complexe flanqué d'une plage de chaque côté. L'une d'elles, Playa Blanca, malgré son nom, est plutôt grise et Playa Virador est sans nul doute plus agréable. Elles permettent quoiqu'il en soit de se baigner en toute tranquillité et sécurité.

Apparemment conçu pour ressembler à un bec de cruche en terre cuite, avec des chambres dont la forme rappelle celle d'un tatou, ce complexe présente une esthétique architecturale que certains pourraient contester. C'est cependant un ensemble original et intégré avec succès dans son environnement.

Les chambres sont disposées dans les trois grandes ailes. Les chambres les plus luxueuses et les suites haut de gamme sont étagées à flanc de colline. On appréciera les chambres standard vastes et très joliment meublées, à la literie excellente, aux salles de bains spacieuses et dotées de coins salons intérieur-extérieur protégés par une moustiquaire presque invisible. N'hésitez pas à payer un supplément pour séjourner dans les chambres des étages

en bref

Aéroport	Liberia
Compagnies	Iberia, American Airlines, Continental Airlines, Delta Airlines, United Airlines
Transfert	45 mn en voiture depuis Liberia
Hébergement	163 chambres et suites (toutes climatisées)
Staff ratio	4
Activités	golf, excursions dans la forêt tropicale, pêche, voile, kayak, rafting, surf, activités pour enfants, tennis, gymnase, spa, piscines
Services	télévision, Internet, room service
Enfants	tous âges
Courant	prise plate à deux fiches
Monnaie	colon costaricain, dollar américain
GMT	-6
Site Internet	www.fourseasons.com
Réservations	www.plongee-chic.com

supérieurs, car le panorama est prodigieux. Aux étages inférieurs, vous n'aurez qu'un petit aperçu de la mer.

Les trois restaurants sont tenus par un personnel prévenant, qu'aucune demande ne peut perturber. Le petit-déjeuner est servi à la brasserie, le déjeuner au même endroit ou au Congos, au bord de la piscine. Le dîner se prend dans l'un des trois restaurants, ou au Mare, l'élégant restaurant italien. La formule demi-pension est intéressante, mais faites-vous bien expliquer les règles. La « nuit argentine » au Congos est un régal, avec un défilé interminable de viandes et de poissons grillés qui satisfera même les plus gourmands.

De nombreuses activités, y compris pour les enfants, sont proposées comme des excursions dans la forêt tropicale pour observer les singes hurleurs et les perroquets (le « Skywalk tour », excursion à la journée, emprunte un système de ponts suspendus), des cours de Pilates, du surf ou du rafting...

La pratique de la plongée à Papagayo est la simplicité même. Le centre, Diving Safaris, se trouve de l'autre côté de la baie, à 15 minutes en bateau de l'hôtel, mais vous ne serez pas obligé de vous y rendre. L'équipe viendra vous chercher à 9 heures du matin sur Playa Blanc, pour une deux plongées successives.

le centre

Un petit bateau viendra vous prendre au bord de la plage pour vous conduire jusqu'à l'une des 5 embarcations de Diving Safaris. Ces bateaux sont simples, mais très confortables. La plupart des sites sont proches, à l'exception des îles Murciélagos (îles des chauves-souris) et Catalinas qui nécessitent des sorties à la journée. Diving Safaris est équipé de bateaux adaptés à ces trajets plus longs.

À bord, on vous servira de l'eau, des fruits et des biscuits. Toutefois, vous serez rentré au Four Seasons à 13 heures, ce qui vous laissera tout le temps pour déjeuner à l'hôtel.

Les instructeurs vous feront oublier ces piètres rafraîchissements, car ils font leur maximum pour vous faire découvrir les merveilles de la région. Quant à votre équipement, le centre le prépare, change les bouteilles après la première plongée, puis emporte le tout que vous retrouverez le jour suivant dans le bateau, nettoyé et prêt à l'emploi.

Diving Safaris organise des cours d'initiation pour les enfants dans la piscine de l'hôtel, et tous les vendredis, un cours d'introduction à la plongée avec bouteilles est organisé pour les adultes.

en bref

Bateaux	8 m
Taille du groupe	6
Instructeurs	5
Langues	anglais, espagnol
Cours	PADI (tous niveaux)
Enfants	12+
Autres	nitrox et recycleurs (faire la demande 24 h à l'avance), boissons et aliments de base, préparation et nettoyage de l'équipement
Site Internet	www.costaricadiving.net

Si vous êtes un passionné de faune marine, vous ne serez pas déçu par la péninsule de Papagayo. Les coraux sont, en revanche, un peu décevants. Les plus beaux sites de plongée de la côte Pacifique de l'Amérique centrale se trouvent dans cette région – à l'exception de ceux des îles Coco situés à quelques centaines de kilomètres au large –, et sont accessibles uniquement par bateau.

ci-dessus
Les bancs de poissons sont nombreux, épargnés par les ravages de la pêche industrielle.

la plongée

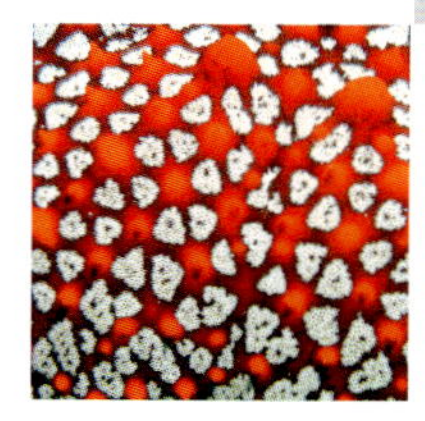

Les sites du golfe de Papagayo abritent une faune marine fantastique. À Virador, vous pourrez découvrir deux espèces rares : l'hippocampe et la crevette harlequin. Plus loin, aux îles Murciélagos, vous avez de grandes chances d'approcher de grands requins-bouledogues. Au sud, vers les spectaculaires sites de plongée des îles Catalinas, vous rencontrerez des bancs géants de mourines, évoluant par milliers ou l'étonnante mais craintive murène zébrée.

La température de l'eau est variable. La faune abondante est alimentée par les courants qui déferlent des zones froides du nord vers le sud. Pour profiter des meilleures conditions, il vaut mieux venir ici durant la saison des pluies d'été, quand la visibilité peut atteindre 21 mètres. Il pleut un peu l'après-midi et le temps est souvent nuageux. Si vous souhaitez apercevoir des orques, des raies mantas du Pacifique ou des requins-baleines, il faut plonger en eau plus froide (en combinaison de 5 millimètres), le plancton apporté par les courants réduit toutefois la visibilité.

Dans chacun de ces sites, l'eau n'est pas parfaitement claire et le paysage sous-marin pourrait être plus spectaculaire, mais la faune y est exceptionnelle. Elle mérite de figurer sur la liste des « must » de tout plongeur dans les eaux des côtes orientales du Pacifique.

en bref

Sites	22
Niveau	facile à avancé
Visibilité	6 à 12 m (de décembre à mars), 6 à 21 m (d'avril à novembre)
Musts	Virador, îles Murciélagos, îles Catalinas
Snorkelling	moyen depuis la Playa Blanca, bon depuis le bateau de plongée
Combinaison	3 mm en été, 5 mm en hiver
Coraux	en mauvais état
Faune	crevettes harlequin, hippocampes, murènes-bijoux et zébrées, requins-bouledogues et requins-baleines, raies-aigles, mantas et mourines, tortues luth, gorettes, lunes, carangues, poissons-crapauds, baleines-pilotes, baleines à bosse, orques
Autres	sorties à la journée, plongées nocturnes, caisson hyperbare (à 1 h et demie), parc marin

ci-contre en haut, de gauche à droite
Des murènes étoilées, en chasse, pour une fois sorties de leur antre ; ces hippocampes, d'ordinaire difficiles à trouver, ont établi résidence dans quelques récifs de la zone ; la murène zébrée, époustouflante mais timide, fait partie des espèces semblables à des serpents, communes dans les îles Catalinas.

photo principale
Les crevettes harlequins ne mangent que des étoiles de mer, une sorte de garde-manger vivant. Cramponnées à leur proie, elles se gorgent de leur chair pendant des semaines, en aspirant la nourriture par les pieds tubulaires des étoiles.

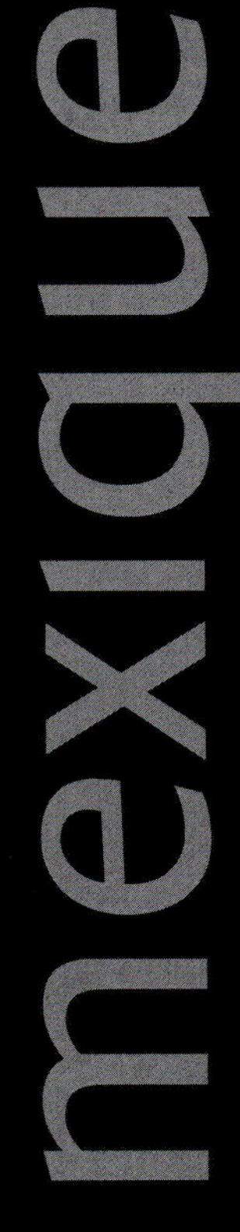

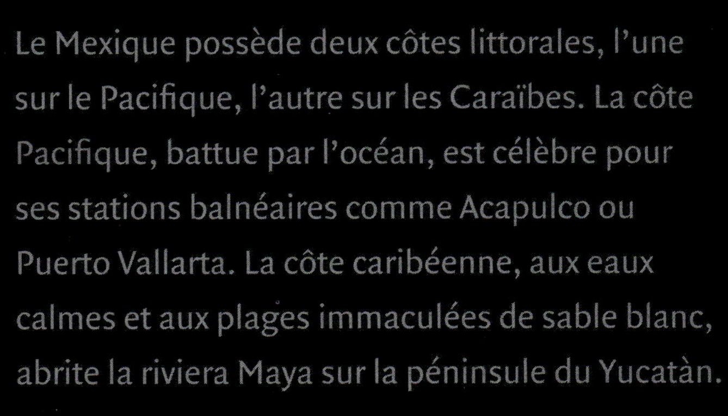

Le Mexique possède deux côtes littorales, l'une sur le Pacifique, l'autre sur les Caraïbes. La côte Pacifique, battue par l'océan, est célèbre pour ses stations balnéaires comme Acapulco ou Puerto Vallarta. La côte caribéenne, aux eaux calmes et aux plages immaculées de sable blanc, abrite la riviera Maya sur la péninsule du Yucatàn.

Cancùn, la principale ville de la péninsule, est le point de départ pour découvrir la côte. Métropole florissante dédiée aux plaisirs hédonistes, Cancùn est devenue synonyme de tourisme de masse et d'hôtels gigantesques à l'architecture d'inspiration aztèque de mauvais goût. Autrefois, l'une des plus belles plages des Caraïbes, elle est aujourd'hui envahie de bars, de discothèques et de casinos. D'autres villes voisines ont suivi le même chemin : Tulum et Playa del Carmen, par exemple, sont célèbres pour attirer une foule, à la conduite tapageuse.

Difficile à croire, mais pourtant un complexe hôtelier luxueux et plein de charme se trouve à trente minutes à peine au sud de Cancùn, dans un environnement pratiquement intact. Construit dans une réserve écologique proche d'un site maya, l'hôtel Maroma est discret et la plupart des chauffeurs de taxi ignore son existence. Fort heureusement, rejoindre le Maroma ne pose aucun problème : à votre arrivée à l'aéroport, vous y êtes conduit dans un somptueux 4 x 4 blanc climatisé. Une fois sur place, vous n'aurez plus à vous soucier de rien.

Conçu par l'architecte Jose Luis Moreno, l'hôtel Maroma est niché au milieu d'une vaste plantation de cocotiers, au bord d'une baie isolée et d'une plage dotée du sable blanc le plus fin de la riviera Maya. Même si l'hôtel a changé de propriétaire depuis son ouverture, il est resté fidèle à la vision de Moreno. Une réglementation stricte permet aujourd'hui au Maroma de continuer à jouir de la zone la moins construite de la côte mexicaine des Caraïbes.

hôtel maroma

La route conduisant à l'hôtel Maroma est très discrète et emprunte une piste cahoteuse à travers la jungle d'une réserve naturelle. Sitôt arrivé au Maroma, véritable oasis, vous vous sentirez comme chez vous grâce à l'accueil souriant et chaleureux du personnel.

Sur une superficie de près de 8 hectares, l'hôtel offre une succession d'espaces privés. Le restaurant face à la mer constitue le cœur de l'hôtel, la paisible piscine se trouvant juste en contrebas. À l'extrémité sud ont été installés les bâtiments plus récents, notamment une salle de fitness, un spa et un centre de plongée. Seule petite fausse note : ces constructions basses, mais on les remarque à peine.

Les chambres les plus intimes de l'hôtel Maroma sont surélevées – les chambres 1 à 4 font face à la plage et sont particulièrement recommandées, la 2 et la 4 offrant le plus grand isolement.
Le style architectural mélange des éléments mayas et mauresques, avec des toits pointus en bois local, des murs en plâtre blanc, des volets en baguettes de bambou et des sols carrelés à l'intérieur. Chaque chambre donne sur une terrasse spacieuse, où un hamac traditionnel mexicain attend de vous bercer pour une bonne sieste. Quelle que soit votre chambre, la plage bordée de palapas sera toujours proche. Et quelle plage ! Trois kilomètres de poudre blanche

en bref

Aéroport	Cancún
Compagnies	Aeroméxico, Corsari, Continental Airlines, Delta Airlines, XL Airways
Transfert	30 mn en voiture
Hébergement	65 chambres et suites, 1 villa (toutes climatisées)
Staff ratio	3
Activités	catamarans, kayak, sites archéologiques mayas, planche à voile, croisières au coucher du soleil, pêche, golf, équitation, tennis, gymnase, piscine, spa
Services	Internet, room service
Enfants	16 ans et +
Courant	prise plate à deux fiches
Monnaie	peso mexicain (dollar américain souvent accepté)
GMT	-6
Site Internet	www.maromahotel.com
Réservations	www.plongee-chic.com

parfaite, en pente douce jusqu'aux eaux calmes et protégées de la baie ; des fauteuils, des chaises longues et de grands lits de jour recouverts d'énormes coussins – le tout si confortable que vous aurez le plus grand mal à quitter l'endroit. Et pourquoi le feriez-vous ? Dites un mot et l'on vous apporte tout ce que vous souhaitez, qu'il s'agisse d'un petit-déjeuner, d'un déjeuner ou d'un dîner romantique aux chandelles.

Si vous parvenez à vous arracher au sable, allez à Puerto Aventuras, petite ville à 40 minutes de l'hôtel. Il s'agit probablement du seul endroit au monde où vous aurez la chance de nager en compagnie de dauphins, de raies pastenagues et de lamantins, d'admirer des sites archéologiques (Chichén Itzá ou Tulum), de parcourir la jungle à cheval, de pêcher au gros ou de jouer au golf.

Pour les repas, entière liberté vous est donnée, mais sachez que peu d'endroits valent la terrasse principale. Juste au bord de la plage, se trouve le restaurant en plein air, ombragé par d'immenses palmiers, avec une vue magnifique sur l'océan. Si durant la journée les tenues décontractées sont la règle, le soir, l'élégance est de mise. La cuisine, au déjeuner et au dîner, est une déclinaison contemporaine des plats traditionnels. Le petit-déjeuner est un véritable régal : jus de fruits frais, confitures maison concoctées avec les fruits de la région, crêpes crémeuses au sirop de cannelle...

Aucune description de l'hôtel Maroma ne serait complète sans une mention du temazcal, un bain de vapeur rituel aztèque libérant le corps et l'esprit des énergies négatives. Ce bain proposé chaque soir ici est à déconseiller aux personnes pusillanimes : dans une pièce sombre, à demi enterrée et surchauffée de vapeur, on écoute les sons d'une incantation traditionnelle. Si cette expérience n'est pas du goût de tout le monde, elle vaut la peine d'être tentée. Plus traditionnel, l'exceptionnel spa de l'hôtel offre sur 2 000 m^2 tous les traitements possibles, des enveloppements aux injections de Botox.

L'un des avantages majeurs de l'hôtel Maroma est que l'on a toujours le sentiment d'y être presque seul, même lorsqu'il est complet. Le restaurant de la plage est souvent à moitié vide, il y a toujours de l'espace sous un palapa et jamais foule au bar. Quelle que soit l'époque de l'année, l'endroit paraît merveilleusement tranquille.

TURTLE NEST
NIDO DE TORTUGA

L'ancienne équipe, réputée pour son sens de la fête, a quitté le centre. L'ambiance est devenue plus calme, mais certains aspects des prestations et de l'équipement se sont améliorés. On ne saurait s'en plaindre. La plongée est ici vraiment personnalisée.

le centre

Les groupes ne comprennent généralement que deux à quatre personnes. Vous pouvez donc choisir l'heure du rendez-vous. Le départ a normalement lieu vers 9 h, 9 h 15 : quelque pas dans l'eau et vous êtes dans le bateau, une nouvelle embarcation de 7 mètres, moins colorée que la précédente mais plus confortable même si elle n'offre toujours pas de vrai abri contre les embruns. Mais ce n'est vraiment pas un problème, tous les sites étant à moins de 10 minutes. Sur demande, le club peut toutefois vous organiser une sortie d'une journée sur un bateau plus adapté.

Le club dispose d'un choix récent de combinaisons et de gilets de stabilisation, ainsi que d'ordinateurs à louer. Il vaut mieux, comme toujours, pour votre confort, apporter votre propre masque. Le bon sens veut que vous rapportiez votre ordinateur et votre appareil photo sous-marin dans votre chambre, mais le club peut en prendre soin durant tout votre séjour : ils vous attendront quand vous embarquerez, puis seront rincés et séchés pour votre prochaine sortie.

Pour les débutants, nous ne pouvons que recommander les piscines chauffées du Maroma. Une sortie guidée en masque et tuba permettra ensuite de mieux se familiariser avec la plongée et donnera un aperçu saisissant de la vie sous-marine des environs.

en bref

Bateau	7 mètres
Taille du groupe	4
Instructeurs	1
Langues	français, anglais, espagnol
Cours	PADI
Enfants	16 ans et +
Autres	location d'ordinateurs, boissons, Nitrox, recycleurs (sur demande), préparation et nettoyage de l'équipement

La variété des plongées est ici exceptionnelle et pas moins de quinze sites se situent à dix minutes du centre de plongée. Chacun trouvera ce qui lui convient : les débutants découvriront les bancs de récifs peu profonds et leurs petits tombants, et les plongeurs expérimentés, amateurs de frissons, dériveront avec le célèbre courant de Maroma et exploreront les cénotes (trous donnant accès à des grottes souterraines submergées d'eau).

ci-dessus
Ce crabe flèche, maladroit, cherche refuge dans les bras d'une anémone.

la plongée

Il n'y a pas de véritables plongées sur tombant, seulement des plongées peu profondes, situées à 12-15 mètres et offrant des petites parois rocheuses d'environ 3 mètres entre des plateaux. Ces parois abritent des écosystèmes denses et florissants où abondent gorgones et cerveaux de neptune. Bancs de gorettes, courbines et quelques rares poissons-crapauds gravitent ici et ne semblent pas s'inquiéter de la présence des plongeurs. Les murènes tachetées et les murènes vertes abondent également, ces dernières étant plus faciles à voir en plongée nocturne.

New Reef est un site intéressant pour les débutants. Cette bande de coraux de 12 mètres de large regorge de canyons et de surplombs, idéaux pour explorer les lieux à son rythme. Vous verrez des raies jaunes, des raies pastenagues, des langoustes, des poissons-perroquets, des poissons-écureuils, des mérous et des anges gris, parmi d'autres espèces récifales communes.

Pour voir de plus gros poissons, un peu plus d'expérience vous sera demandée. Le site de Turtle Plain, un plateau à environ 30 mètres, est en permanence balayé par le puissant courant Maroma. Dans ce site, relativement aride et parsemé de centaines d'éponges géantes pliées en deux par le courant incessant, d'impressionnantes tortues

en bref

Sites	15
Niveau	facile à avancé
Visibilité	20 m et +
Musts	cénotes, plongée dérivante de Maroma
Snorkelling	bon depuis le récif.
Combinaison	3mm
Coraux	très bonne qualité
Faune	grandes tortues vertes et tortues caret, poissons-perroquets, requins-bouledogues, requins-nourrices et requins-baleines, dauphins, lamantins, poissons-crapauds
Autres	sorties à la journée durant la saison des requins-baleines, plongées nocturnes, caisson hyperbare à Playa del Carmen (à 15 mn)

photo principale
Grande Cenote : une plongée en caverne que même les plongeurs débutants peuvent accomplir. On a du mal à croire que l'on se trouve sous l'eau.

ci-dessus
Les récifs coralliens de la péninsule du Yucatàn abritent plus de 500 espèces de poissons, dont les courbines.

au milieu
Bouche bée, un mérou semble suspendu dans une « station de nettoyage ».

ci-contre
La plupart des mérous arbore des couleurs vives

ci-contre
Les eaux abritées et peu profondes de New Reef permettent des plongées longues et faciles.

ci-dessous, à gauche
Un plongeur lutte pour ne pas être emporté, tandis qu'une tortue flotte et grignote sans effort dans les forts courants de Maroma.

vertes et tortues caret viennent chercher leur nourriture. Alors que vous luttez pour vous accrocher à un rocher ou à une éponge, elles glissent sans effort à contre-courant. Dans l'obscurité, vous pouvez distinguer ce qui semble être à première vue des napoléons. En réalité, il s'agit de poissons-perroquets géants en phase terminale, dont les couleurs éclatantes sont de plus en plus éblouissantes au fur et à mesure de l'approche. Malheureusement, ils s'éloignent trop rapidement car vous êtes emporté par la force du courant.

Plus loin, lamantins et dauphins vous attendent à Puerto Aventuras, et, de juin à septembre, vous pouvez nager ou faire du snorkelling en compagnie de requins-baleines à Holbox Island. L'hôtel propose également une sortie à la journée vers Grande Cenote, près du site maya de Tulum, puis vers la cénote Dos Ojos. On peut faire du snorkelling à Grande Cenote, mais pour découvrir sa véritable beauté il faut plonger. Davantage caverne que grotte, l'eau y est très froide comparée à la mer et incroyablement transparente. En suivant le guide, on se faufile entre des stalactites et des stalagmites et, entre deux cavernes, la lumière fait une échappée magique à travers les profondes eaux turquoise.

Vous pourrez vous diriger ensuite vers la cénote de Dos Ojos, pour une plongée-spéléo dans des eaux transparentes. Le snorkelling est superbe, la luminosité souvent excellente. La cénote tire son nom – deux yeux en espagnol – de la présence à proximité de deux grandes cénotes qui communiquent entre elles par une grande grotte. Pour ceux qui souhaitent suivre les fils d'Ariane qui s'enfoncent dans les grottes plus profondes, n'hésitez pas à le demander auparavant à l'équipe, qualifiée pour vous accompagner.

à gauche
La faune marine est abondante grâce aux courants riches en nutriments.

ci-dessous
La majestueuse raie aigle est une habituée des parois rocheuses.

à droite
Les poulpes peuvent arborer une extraordinaire gamme de couleurs et de textures.

états-unis

Constituées de plus de 200 îles, dont seules 34 sont habitées, les Keys sont reliées au continent par l'*Overseas Highway* (La route au-dessus de la mer) ou US1, une route panoramique, longue de 180 kilomètres et parsemée de 43 ponts au-dessus des eaux turquoise infinies. Au bout, vous êtes plus près de La Havane que de Miami.

Si Henry Flagler était parvenu à ses fins, vous pourriez continuer votre route jusqu'à Cuba ! Jusqu'en 1912, aucune route ne reliait les Keys au continent. Mais Flagler, richissime patron d'une compagnie de chemin de fer, avait observé que Key West était le seul port en eaux profondes de la côte sud-est des États-Unis. Pour profiter de sa proximité avec le canal de Panamà, il fit construire une chaussée et une voie de chemin de fer la reliant à la terre ferme. Il prolongea cette voie de 10 kilomètres en direction de Cuba avant que le cyclone du Labour Day en 1935, le plus fort qui ait jamais frappé la côte Est, ne balaye une grande partie de son œuvre.

La première des Keys est Key Largo où de chaque côté de la route s'alignent boutiques de plongée et magasins excentriques. Plus de 170 kilomètres plus loin, se trouve la pittoresque Key West, lieu de résidence d'Hemingway et la ville la plus au sud des États-Unis. Entre les deux, un petit paradis : Little Palm Island, au nord de Key West.

Il n'est guère étonnant que le réalisateur de *PT 109*, le film sur la vie de John F. Kennedy pendant la Seconde Guerre mondiale, ait choisi Little Palm Island pour les scènes se déroulant dans le Pacifique sud. Cette île de deux hectares est un véritable et grandiose décor. On y accède après un petit trajet en bateau depuis la route des Keys. Située à seulement 180 kilomètres de Miami, on a pourtant l'impression d'être au bout du monde.

floride

hôtel little palm island

À partir d'un modeste débarcadère sur Little Torch Key, un bateau à moteur, style années 1930, vous transporte à des milliers de kilomètres en à peine 10 minutes, c'est, tout au moins, l'impression ressentie.

À l'arrivée, vous serez impressionné par la végétation luxuriante de l'île, puis par le chant incessant des oiseaux. Little Palm abrite une incroyable diversité d'oiseaux migrateurs – hérons, aigrettes, faucons, perroquets, tourterelles, pélicans, cormorans... une immense volière en plein air. Vous ne trouverez nulle part ailleurs dans les Keys un tel phénomène. Pour l'association Audubon dédiée à la protection des oiseaux, cette île est unique.

Au cœur du complexe hôtelier, une piscine bordée de palmiers – pleine de charme – est surplombée par le Palapa Bar, le restaurant, une bibliothèque accueillante et une boutique. Cet ensemble de structures irrégulières de plain-pied, revêtues de bois brut, fait penser à une maison privée avec ses dépendances.

Une allée de sable blanc immaculé dessert 28 bungalows sur pilotis au toit de chaume, avec vue sur l'océan. L'impression de se trouver perdu dans les mers du sud est renforcée par l'absence de téléphone et de télévision, mesure courageuse en Amérique du Nord.

en bref

Aéroport	Miami ou Key West
Compagnies	Air France, American Airlines, Continental Airlines, Delta Airlines
Transfert	40 mn depuis Key West ou 2h30 depuis Miami en voiture, puis 10 mn en bateau
Hébergement	28 chambres, 2 suites (toutes climatisées)
Staff ratio	4
Activités	sports nautiques, excursions à Key West, gymnase, spa, piscine
Enfants	16 ans et +
Courant	prise plate à deux fiches
Monnaie	dollar américain
GMT	-5
Site Internet	www.littlepalmisland.com
Réservations	www.plongee-chic.com

ROWELL

Les bungalows se caractérisent par leurs plafonds voûtés, un lit protégé par une moustiquaire, un salon, une baignoire à remous, des douches intérieures-extérieures et une petite véranda privée. En outre, chacun d'eux contient des marques d'attention généreuses : un papier à lettres personnalisé, un ours en peluche sur le lit et un bar privé avec consommations gratuites. On a vraiment le sentiment d'être invité chez un bon ami.

Le restaurant est perché sur une petite dune de sable. Libre à vous de prendre votre repas dans la salle climatisée, sur la terrasse ombragée ou au bord de la mer. En effet, le dîner peut être servi sur la plage à la lumière vacillante des torches pour admirer le soleil couchant et les plongeons des pélicans. Au moment où vous vous dites « que rêver de mieux ? », un rare cerf des Keys, espèce menacée de disparition, vient vous frotter du museau pour réclamer de la nourriture. Little Palm Island est un sanctuaire écologique.

Cela dit, la plage semble plus belle qu'elle ne l'est en réalité. Les Keys sont proches des Bahamas, mais ne jouissent pas des mêmes avantages, aussi ne vous attendez pas à des baignades idylliques. En revanche, d'autres plaisirs s'offrent à vous : prendre le soleil en bord de mer dans un des nombreux endroits isolés de l'île, explorer les mangroves à bord d'un petit bateau ; si la chance vous sourit, vous verrez des lamantins qui viennent à Little Palm Island pour les herbiers, leur nourriture favorite. Si vous souhaitez vous aventurer plus loin, le centre de plongée organise des excursions écologiques en kayak dans la Réserve nationale des grandes aigrettes.

Le site est incomparable, la faune et la flore stupéfiantes et l'environnement inhabituel : cet hôtel est véritablement à l'opposé des établissements traditionnels occidentaux. Ici, pas de voitures ; les seuls bruits sont ceux des pélicans qui pêchent ou ceux des rares bateaux qui passent. C'est le point de départ idéal pour explorer les Keys et découvrir les sites de plongée de la zone.

Island Girl
Little Palm Island
Truman Arrival Dock
Snorkel-Dive Service
Registered Guests Only
Beyond this Point

Situé dans le port abrité de Little Palm Island, le centre de plongée se trouve juste derrière le spa et, comme tout le reste ici, à quelques pas de votre bungalow. Le club n'est pas grand, mais possède un matériel excellent et varié, régulièrement renouvelé. Tous les efforts du club sont concentrés sur un objectif : rendre la plongée aussi agréable que possible.

le centre

Le splendide *Island Girl*, de 9 mètres de long, peut embarquer 14 personnes, mais les groupes de plongée ne dépassent jamais 6 personnes. C'est un bateau peu abrité, aussi vaut-il mieux emporter avec soi un sac étanche.

Certains sites, comme Looe Key ou Adolphus Busch, sont très proches de la base. C'est pourquoi il n'est pas nécessaire de prévoir des sorties à la journée. Il y a toujours des boissons fraîches à bord, ainsi que de nombreuses serviettes et, si vous avez froid après une longue plongée (on peut facilement rester 90 minutes sous l'eau à Looe Key), on vous proposera un caban fourré imperméable qui vous maintiendra au chaud.

Si vous souhaitez vous aventurer plus loin, le club vous facilitera la tâche et vous conduira à 30 kilomètres de là, au nord, jusqu'au Deep Blue Dive Center où vous pourrez explorer le *Thunderbolt* échoué au large de Marathon, puis à un second site pour une plongée moins profonde. Si vous voulez y passer la journée, vous pourrez déjeuner dans l'un des nombreux restaurants qui surplombent l'océan. Une magnifique sortie, tout à fait en phase avec la qualité du séjour à l'hôtel.

en bref

Bateau	9 mètres
Taille du groupe	6
Instructeurs	2
Langue	anglais
Cours	PADI (tous niveaux)
Enfants	16 ans et +
Autres	Nitrox, recycleurs, boissons, préparation et nettoyage de l'équipement, location de scooters de plongée

Le centre propose la visite de deux sortes de sites. Les premiers sont agréables, en eau peu profonde, et très faciles – l'idéal pour les débutants. Les seconds, souvent balayés par des courants, sont enthousiasmants et permettent d'explorer des épaves en eau profonde. À réserver aux plus expérimentés. Quel que soit votre niveau, vous trouverez ici d'excellentes conditions de plongée.

ci-dessus

Les épaves autour de Little Pam sont un refuge pour les prédateurs et les proies. Ce barracuda semble particulièrement bien nourri.

la plongée

Le site de Looe Key, du nom de l'infortuné H.M.S. *Looe* qui se fracassa ici sur un récif en 1742, fut classé sanctuaire marin en 1981. À 20 minutes à peine du complexe hôtelier, l'île abrite des formations coralliennes avec structure en éperons et sillons parmi les plus spectaculaires des Keys. Peu d'endroits descendent à plus de 10 mètres, c'est donc le lieu idéal pour apprendre la plongée et obtenir ses certifications.

Les coraux sont en bonne santé, mais le plus remarquable à Looe Key est l'extraordinaire abondance de poissons, comme si, conscients que la zone est protégée, ils s'étaient tous donné le mot. Vous verrez ici des bancs de grondeurs, de sars argentés, de sergents-majors et de rougets et, avec un peu de chance, vous pourrez contempler, quoique très brièvement, le merveilleux spectacle d'un banc de perroquets de minuit. Comme dans une scène d'Hitchcock, ils surgissent de nulle part, pour se repaître rapidement sur les coraux, et disparaissent aussi vite.

Il y a également des poissons-anges gris, des poissons-anges français et des poissons-anges royaux, des barracudas, des murènes vertes et des murènes tachetées. Si vous furetez sous les rebords et les surplombs, vous pourriez découvrir un sympathique mérou

ci-contre

La faune marine du sanctuaire marin de Looe Key figure parmi les plus riches des eaux littorales des États-Unis. Elle s'abrite dans les nombreuses épaves de la région, formidables « terrains de jeux » pour les débutants comme pour les plongeurs confirmés.

en bref

Sites	30 et +
Niveau	facile à avancé
Visibilité	25 mètres de mai à octobre, 10 mètres de novembre à avril
Musts	Looe Key, *Adolphus Busch*, *Thunderbolt*
Snorkelling	très bon depuis le bateau
Combinaison	3mm
Coraux	bon état
Faune	dauphins souffleurs, raies-aigles, requins à pointe noire, requins-bouledogues, requins-nourrices et requins de récif, mérous géants, murènes vertes et murènes tachetées, tarpons, lamantins
Autres	sorties à la journée, plongées nocturnes, plongées sur épaves, parc marin

ci-contre
Depuis que sa pêche est devenue illégale en Floride, le mérou géant fait un remarquable « come back ».

en bas
Les récifs de Floride abritent deux espèces de murènes : la murène verte et la murène tachetée.

géant et, un peu au-dessus, un requin de récif ou une raie-aigle. Les eaux sont si peu profondes que l'on peut y rester indéfiniment à contempler le déroulement de la vie marine. Les débutants pourront aussi découvrir cette vie sous-marine fabuleuse même si, bien entendu, ces sites ne peuvent se comparer à ceux de l'Indonésie ou de la Grande Barrière en termes de variété.

Si vous aimez les défis, les plongées sur épaves sont faites pour vous. Vous avez le choix : l'*Adolphus Busch*, à 25 minutes de l'hôtel, ou bien le *Thunderbolt* à Marathon Key, un peu plus éloigné, et qui vaut le déplacement. Ces sites ont des visibilités variables et sont relativement profonds, environ 30 mètres, aussi pour en profiter au maximum vaut-il mieux recourir au nitrox, surtout au regard de la stricte réglementation locale sur la plongée.

L'*Adolphus Busch* gît par 33 mètres de fond et le *Thunderbolt* se trouve à 36 mètres. Celui-ci était autrefois utilisé pour l'étude de la foudre, comme l'indique son nom : une bouée attachée à un câble d'acier était mise à flotter pendant des orages pour attirer la foudre. Dans ces deux sites, vous trouverez d'impressionnants mérous géants quelque peu craintifs. Cette espèce a failli disparaître à cause de la pêche au fusil. Elle figure maintenant au sein des espèces protégées et fait progressivement sa réapparition. En outre, vous pourrez voir des tarpons de 50 kilos, dont la couleur chrome étincelle dans l'eau, des carangues qui chassent les bancs de poissons de verre et des grands barracudas qui se comportent comme les propriétaires de ces épaves. Même si vous avez exploré d'autres épaves plus spectaculaires ailleurs dans le monde, ces sites constituent l'un des aspects les plus surprenants d'un séjour à Little Palm Island.

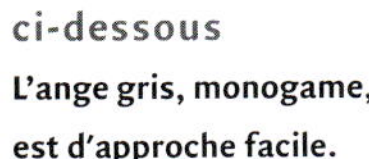

ci-dessous
L'ange gris, monogame, est d'approche facile.

à droite
Le Thunderbolt, l'une des plus belles épaves des îles Keys, fut utilisé pour étudier les effets de la foudre sur les navires. Une bouée attachée à un câble d'acier (dont on peut voir ici le dévidoir) était mise à flotter par temps d'orage pour attirer la foudre.

ci-dessus
Le poisson-papillon à quatre yeux, le bien nommé, utilise ses « yeux » supplémentaires pour confondre ses prédateurs.

TURTLE INN
CABAÑAS
BAR - RESTAURANT
ICE COLD BEER
SCUBA, SNORKLING
FISHING, MORE...

belize

Colonie britannique jusqu'en 1981, les premières années de l'indépendance ont été difficiles car le Guatemala revendiquait ce territoire. Le Belize n'est réellement parvenu à la stabilité qu'en 1998. En conséquence, la plus grande partie du pays est toujours préservée : des jaguars hantent la forêt tropicale et des récifs, au large des côtes, sont encore vierges. Le gouvernement s'est engagé à protéger ces ressources naturelles, en collaborant étroitement avec des associations de protection de la nature.

À en croire la presse, le site à ne pas manquer est San Pedro. Mais, à part quelques séances de « feeding » de requins et de raies pastenagues, vous risquez d'être déçu : les récifs ont été laminés par les cyclones quasi annuels. Vous avez tout intérêt à vous aventurer plus au sud où, à deux heures de voiture, se trouvent le célèbre Blue Hole et les îles Turneffe. Ces dernières permettent certaines des plus belles plongées des Caraïbes. Toutefois, sachez que les possibilités d'hébergement sont limitées.

Rendez vous encore plus au sud, à l'extrémité de la péninsule de Placencia. En plus d'une abondante vie marine, vous avez, en pleine saison, la garantie de rencontrer des requins-baleines à une heure à peine de la côte. C'est le seul endroit du monde où les scientifiques ont pu découvrir les raisons et les périodes de l'apparition de ces créatures. Les amoureux de la nature seront comblés par les randonnées dans l'arrière-pays. Une combinaison absolument imbattable !

L'année 2002 fut à la fois désastreuse et formidable pour le Turtle Inn. Désastreuse, parce que le cyclone Iris le détruisit presque complètement, et formidable… parce que le cyclone Iris le détruisit presque complètement ! Ce petit hôtel a été conçu et financé par le réalisateur Francis Ford Coppola et, quand les forces de la nature firent table rase de son œuvre, il en profita pour en recréer un totalement nouveau.

péninsule de placencia

hôtel

turtle inn

Quand on apprend que l'endroit fut pratiquement réduit à l'état de désert en 2002, on admire le remarquable travail de restauration. Placencia, la localité la plus proche, est une bourgade endormie à l'extrémité de la péninsule éponyme. Cette longue et étroite bande de terre parallèle à la côte ne s'élève que de quelques centimètres au-dessus du niveau de la mer, bordée d'un côté par la pleine mer, et de l'autre par un lagon abrité où vit une riche faune marine, notamment des lamantins et des crocodiles de 5 mètres de long.

Avec leurs toits de chaume en pointe, les bâtiments de l'hôtel se caractérisent par un mélange d'influences mayas et balinaises : reliefs de pierre sculptée, portes peintes, frises en bois ornementées, allées en pierre bordées de bougies… Même si l'on ignore l'identité du propriétaire, le lieu évoque irrésistiblement un décor de cinéma.

Les habitations donnent directement sur la plage, ou n'en sont éloignées que de quelques dizaines de mètres. Il s'agit de bungalows indépendants sur pilotis, avec véranda, coin salon spacieux et chambre à coucher confortable avec un lit aux petites dimensions surprenantes. C'est un fait exprès, comme l'explique Coppola : « Si vous êtes seul ici, vous n'avez pas besoin d'un king-size, et si vous êtes avec votre moitié, pourquoi en vouloir un !… ».

en bref

Aéroport	Placencia via Belize City
Compagnies	Continental, Delta Airlines puis Tropic Air ou Maya Island Air jusqu'à Placencia
Transfert	3 mn en voiture
Hébergement	25 chambres (non climatisées)
Staff ratio	3+
Activités	sports nautiques, pêche, observation de jaguars, forêt tropicale, piscine, spa
Services	Internet, room service
Enfants	tous âges
Courant	prise plate américaine à deux fiches
Monnaie	dollar belizien
GMT	-6
Site Internet	www.turtleinn.com
Réservations	www.plongee-chic.com

Aucun bungalow n'est semblable aux autres. Vous avez le choix entre le Honeymoon Cottage, la Chinese Matrimonial Suite, le Pavilion House et les Villas Garden ou Seaview dotées de deux chambres (idéales pour les familles ou les amis). Tous les bungalows ont un aspect balinais caractéristique, hauts de plafond, avec des portes et des encadrements en bois sculpté et de nombreuses sculptures et statues de pierre. Bien que non climatisés, ils sont étonnamment frais grâce à des ventilateurs de plafond silencieux et efficaces.

L'office du tourisme du Belize a beau claironner que Placiencia possède certaines des plus belles plages du pays, il n'y a, en réalité, ni sable blanc, ni eaux turquoise et, le personnel de l'hôtel a beau ratisser inlassablement les algues qui envahissent les lieux, les meilleurs bains se prendront dans la magnifique piscine circulaire ou dans la nouvelle piscine triangulaire.

Les repas sont servis au restaurant Mare qui donne sur la piscine et sur l'océan. Le personnel, toujours serviable, organisera, à votre

demande, un dîner à l'endroit que vous souhaitez : sur la plage ou dans votre bungalow. Vous pourrez d'autre part prendre un fort agréable déjeuner au Laughing Fish Bar sur la plage. Le chef utilise des ingrédients locaux et des produits biologiques provenant du Blancaneaux Lodge qui appartient également à Francis Ford Coppola. Un menu aux tendances italiennes rend hommage aux origines du maître des lieux.

L'hôtel Turtle Inn est unique. En conformité avec la vision de son propriétaire, il a conservé son caractère original. Il n'y a peut-être pas de superbes plages de sable blanc ou de lagons translucides, mais, sur terre comme en mer, vous êtes plongé dans un environnement naturel préservé : lamantins, forêt tropicale, cascades et la seule réserve de jaguars au monde, sans parler d'une faune marine d'exception, avec notamment des requins-baleines.

Tides
DIVESHOP
Sightings of Week
Whale Sharks, Turtles, Dolphins
Whale Sharks, Turtles, Dolphins
Whale Sharks, Blue Marlin!
Whale Sharks
Whale Sharks, Bull Sharks
Whale Sharks, many schools of Fish!

Le Tides Dive Centre se trouve à deux minutes à pied de l'hôtel, sur le chemin du spa. La boutique du centre vend quelques articles de plongée. Ce club est très bien équipé – la seule chose que vous ayez à apporter est votre propre masque. Avant de plonger, demandez s'il y a des *pica pica* dans l'eau. Il s'agit de méduses microscopiques et mieux vaut acheter un produit anti-piqûres à la boutique.

le centre

Bien que la zone soit abritée par les récifs, le temps peut se gâter et la traversée sera alors quelque peu agitée. Prenez donc avec vous un sac étanche si vous avez un appareil photo ou tout autre objet que vous souhaitez maintenir au sec.

Le narghilé permet aux débutants de descendre à 8 mètres, alimentés en air par un compresseur portable. On utilise ce système à Laughingbird Cay et c'est un tremplin idéal pour devenir un plongeur certifié, qualification que vous pouvez obtenir ici.

La mer devant l'hôtel ne présente pas beaucoup d'intérêt pour les snorkellers, sauf quand les lamantins s'y promènent ou quand la visibilité est parfaite ; il leur est donc recommandé de se joindre aux sorties de plongée où les *cays* (ou *cayes*, îlots rocheux coralliens) conviendront parfaitement. L'observation des requins-baleines, en plongée ou en snorkelling, est absolument exceptionnelle. Les sorties se font souvent pour la journée, soit vers les atolls intérieurs, à 30 minutes de la base, soit vers la barrière récifale, à 1 heure. Sauf pour la sortie « requins-baleines », votre déjeuner se déroulera sur une plage de sable blanc de quelque îlot. L'équipe, toujours souriante, changera vos bouteilles pendant votre repas, et s'occupera de votre équipement à la fin de la journée.

en bref

Bateau	8 m
Taille du groupe	6
Instructeurs	2
Langues	anglais, espagnol
Cours	PADI (tous niveaux)
Enfants	12 ans et +
Autres	location d'ordinateurs et d'appareils photos sous-marins, boissons et repas, nettoyage de l'équipement, plongée au narghilé

Beaucoup se rendent au centre ou au nord du Belize pour plonger, mais rien n'est comparable à Gladden Spit. Dans cette petite zone de la barrière corallienne – classée parc marin depuis 2001 grâce à l'initiative pionnière des Amis de la nature et du gouvernement de Belize –, vous êtes pratiquement assuré, à la bonne époque de l'année, de plonger ou de faire du snorkelling en compagnie de requins-baleines.

ci-dessus
La séduisante crevette nettoyeuse est malheureusement très appréciée des aquariophiles.

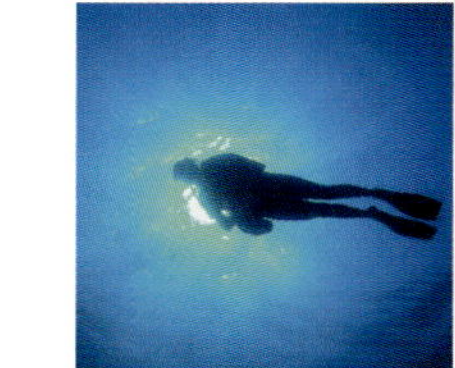

Dans le passé, les pêcheurs du Honduras venaient prendre au filet les pagres qui se rassemblent en nombre ici. Aujourd'hui, la zone est strictement protégée, en accord avec les centres de plongée locaux. Les bateaux ont un créneau horaire précis pour s'assurer que la vie des requins-baleines soit aussi peu perturbée que possible. Il s'agit de plongées « dans le bleu » (en pleine mer, loin des récifs) où vous nagerez entre 18 et 21 mètres. Le fond est à peine visible, il est difficile de s'orienter et, si vous venez à la mauvaise époque, vous ne verrez sans doute rien. En revanche, à la bonne saison, après la pleine lune, l'expérience est littéralement incroyable.

Les autochtones savent depuis longtemps que cet endroit est unique : quand la pêche aux pagres était bonne, ils constataient toujours la présence de requins-baleines. Après des études menées par un biologiste, le lien entre les deux espèces fut établi. En effet, d'énormes bancs de pagres viennent frayer ici, produisant des milliards d'œufs microscopiques qui prennent l'apparence de nuages blancs. Ce phénomène attire les requins-baleines qui s'en nourrissent, la bouche grande ouverte. Ces gentils géants de 15 mètres passeront à quelques centimètres de vous. La première fois que vous en verrez un, l'expérience sera inoubliable.

ci-contre, de gauche à droite, de haut en bas
Le hamlet indigo se rencontre couramment sur les récifs florissants ; plonger en compagnie de requins-baleines est une expérience magique ; un rémora énorme (et paresseux) effectue un trajet en stop sur un requin-baleine de 12 m ; magnifique poisson-vache à polygones.

en bref

Sites	12
Niveau	facile à avancé
Visibilité	50 m sur le récif extérieur, 15 m sur le récif intérieur,
Musts	Gladden Spit, Glovers Reef
Snorkelling	très bon depuis le bateau
Combinaison	3mm
Coraux	très bon état
Faune	requins-baleines, énormes bancs de pagres et de carangues, mérous, mérous rayés et vieilles à carreaux, murènes serpentines, requins-bouledogues, requins-nourrices et requins-citrons, tortues luth et tortues caret, dauphins tursiops et dauphins tachetés, mérous géants, lamantins, poissons-crapauds
Autres	sorties à la journée, plongées nocturnes, plongées sur épaves, parc marin

ci-dessus
Ces grands bancs de carangues sont l'une des attractions des plongées en eau profonde.

à gauche
Les récifs du centre et du sud du Belize abritent une riche palette d'espèces de poissons, parmi lesquels des bancs de sergents-majors.

à droite
La tortue caret se déplace si lentement que sa carapace est toujours incrustée de concrétions marines.

ci-dessus
En période de frai, des bancs de vivaneaux surgissent des profondeurs – le moment qu'attendent les requins-baleines.

à droite
La barrière de récifs du Belize est la deuxième au monde par la taille, après la Grande Barrière australienne.

Contrairement au nord du pays, où la barrière récifale frôle la côte de San Pedro, elle se trouve ici à 50 kilomètres au large. Cet espace est parsemé de *cayes* et atolls où les coraux sont en excellente santé. La visibilité est limitée comparée à celle de la barrière récifale, mais c'est un véritable jardin où ondulent des gorgones.

Les plongées sur tombant s'effectuent sur la barrière la plus longue de l'hémisphère nord, qui plonge ici jusqu'à 2 100 mètres. La faune est abondante : murènes, dauphins, nudibranches, mérous géants, raies mantas, raies-aigles, requins-bouledogues, requins-citron, quatre espèces de tortues, dont la nonchalante tortue caret, si difficile à observer.

Laughing Bird Cay, à une demi-heure du Turtle Inn, est l'un des 3 seuls *faros* ou atolls submergés au monde. Ce site, que l'on rejoint lors de brèves sorties-journée et où l'on pratique aussi la plongée nocturne, abrite deux rares espèces de poissons-crapauds, l'une tachetée de blanc, l'autre à bandes blanches. Il est également connu pour ses requins-citron et ses requins-nourrices, de nature très curieuse. Glovers Reef est plus spectaculaire, avec des tombants à 600 mètres, mais cette sortie ne peut se faire que par mer calme. Cette région du Belize vous offrira des plongées extraordinaires – sans nul doute les meilleures des Caraïbes. Nager en compagnie des requins-baleines en constitue l'apogée.

caraïbes

Constituées de près de quarante îles-pays, les Caraïbes ne manquent pas de sites intéressants, mais il est étrange qu'aucun grand hôtel ne soit à proximité des grands sites de plongée. D'un côté, dans les îles ABC (Aruba, Bonaire, Curaçao) au sud, ou au nord dans les îles Caïmans, les sites de plongée sont exceptionnels, mais l'hébergement décevant. De l'autre côté, Antigua, la Jamaïque ou la Barbade possèdent de fantastiques complexes hôteliers, mais leurs sites ne sont vraiment pas à la hauteur.

Les îles Vierges britanniques offrent le meilleur des deux mondes. Christophe Colomb les découvrit en 1493 lors de son second voyage et les nomma ainsi en référence à la légende de sainte Ursule et ses onze mille compagnes vierges. Ainsi vont les règles de découverte. Peter Island est à l'épicentre des merveilleux sites de plongée, notamment le RMS *Rhone*, unanimement reconnu comme la plus belle épave des Caraïbes.

Embarquez à bord du *Turks and Caicos Aggressor* pour vivre une aventure originale et réellement inoubliable : du snorkelling en compagnie de baleines à bosse. Ne manquez pas non plus le site d'Amanyara sur l'île de Providenciales, proche des îles Turks et Caicos. Il offre une combinaison rarissime aux Caraïbes : plongées fabuleuses et hébergement de luxe.

Peter Island offre la solution idéale pour plonger aux Caraïbes. Cette île privée et très étendue (700 hectares de nature vierge bordée d'immenses plages de sable blanc) se trouve à proximité immédiate du meilleur site de plongée des îles Vierges britanniques. L'hôtel Peter Island, inauguré dans les années 1960, est progressivement devenu un établissement de grand luxe.

peter island

hôtel peter island

Achetée par le milliardaire norvégien Peter Smedwig à la fin des années 1960, Peter Island fut reprise la décennie suivante par deux entrepreneurs qui y investirent une véritable fortune. Comme beaucoup d'îles privées, celle-ci finit par absorber autant d'argent qu'un trou noir peut absorber de lumière. C'est regrettable pour les propriétaires, mais en tant que client, c'est vous qui en profiterez.

Vous pensiez peut-être que les îles Vierges britanniques étaient luxuriantes et verdoyantes, mais les pluies y sont trop rares. Peter Island possède une riche végétation sur sa frange cultivée, mais qui se raréfie dès que l'on quitte le littoral. Cet espace est parfaitement entretenu grâce aux efforts d'une armée de jardiniers et à un système d'irrigation perfectionné. Les concepteurs ont créé un éden botanique où abondent palmiers exotiques, bougainvilliers et frangipaniers.

L'hôtel se trouve juste à côté de sa marina, près de la piscine, du restaurant et du bar, face à l'île de Tortola. Les 32 chambres, dont l'arrière donne sur la marina, offrent une vue sur la mer à travers un écran de palmiers. Les habitations les plus éloignées du restaurant sont les plus calmes et jouissent des plus belles vues. La décoration est de style américano-caribéen tout à fait classique, et l'ensemble est confortable.

en bref

Aéroport	Beef Island Tortola via Saint-Martin
Compagnies	Air France, Corsair
Transfert	35 mn par bateau
Hébergement	52 chambres et villas (toutes climatisées)
Staff ratio	4+
Activités	sports nautiques, basket-ball, golf (hors de l'île), pêche, piscine, tennis, gymnase, spa
Services	Internet, téléphone, héliport, room service (petit-déjeuner et dîner)
Enfants	8 ans et +
Courant	prise plate à deux fiches
Monnaie	dollar américain
GMT	-5
Site Internet	www.peterisland.com
Réservations	www.plongee-chic.com

Les 20 Beach Suites, superbes et modernes, avec leur coin salon spacieux, leur terrasse privée et leur salle de bain dotée d'une douche et d'une grande baignoire pour deux, jouissent pour certaines d'une vue exceptionnelle sur l'océan et les îles désertes voisines. D'autres donnent sur une pelouse impeccablement entretenue où vous pouvez vous détendre dans un hamac.

Le hamac est l'emblème de Peter Island et beaucoup se balancent sur la plage de Deadman's Bay, longue de plus de 1 500 mètres, un croissant parfait de poudre blanche. Pour la protéger de l'invasion des bateaux de touristes, nuisance habituelle dans les autres îles, les responsables de l'hôtel ont disposé des bouées autour de leur « domaine maritime », et ont sacrifié un endroit éloigné pour le réserver à l'ancrage de ces bateaux.

Le spa, exceptionnel, est installé à l'extrémité de Deadman's Bay. Cet emplacement unique domine une crique déserte de sable blanc, lieu de pêche favori des pélicans, et sans doute le meilleur site de snorkelling de l'île. Même si vous n'êtes pas un fanatique des spas, n'hésitez pas à profiter des soins de l'établissement, ne serait-ce que pour jouir du paysage. Vous pourrez vous prélasser dans le bain bouillonnant tout en contemplant la mer et les pélicans qui barbotent dans les eaux peu profondes.

Le même chef a dirigé les cuisines du Peter Island pendant 30 ans, probablement un record pour n'importe quel hôtel. Aujourd'hui, un nouveau chef a pris la relève et la cuisine, internationale, demeure excellente. Elle est servie au Deadman's Beach Grill, en plein air, et au restaurant climatisé Tradewinds. Le personnel ne pourrait être plus aimable, toujours prêt à échanger quelques mots avec vous. Vous êtes traité davantage comme un ami de la famille que comme un client.

L'hôtel Peter Island, joyau des Caraïbes, s'améliore sans cesse grâce à la détermination de la direction et aux moyens qu'elle y consacre. Si son architecture n'est peut-être pas aussi d'avant-garde que celle d'autres complexes hôteliers, son emplacement est unique en son genre.

mares

Pratiquer la plongée à Peter Island est un jeu d'enfant. Le port privé de Paradise Watersport est à 2 minutes des chambres et à quelques mètres du bateau de plongée. Grâce à cette situation géographique, nul besoin de se réveiller aux aurores : l'épave du *RMS Rhone*, le site de plongée le plus populaire dans ces eaux, ne se trouve qu'à 15 minutes de là, et vous pourrez partir à 9h30 après avoir pris tranquillement votre petit-déjeuner.

le centre

La petite boutique croule sous les équipements et propose même des appareils photos sous-marins numériques. Le club préfère que vous prépariez votre équipement, mais si vous le souhaitez, il le fera pour vous et changera vos bouteilles pour la seconde plongée.

Le bateau est un vieux yacht confortable de 9 mètres, parfaitement adapté à sa tâche, d'autant que tous les sites se trouvent à moins de 30 minutes de la base. Avec un peu de chance, vous plongerez en compagnie de Randy, le patron du centre de plongée. Son expérience est vaste et vous l'écouterez bouche bée vous raconter ses rencontres avec de grands requins alors qu'il assistait des équipes de tournage en eau très profonde. Vous profiterez, en outre, de sa connaissance étendue de l'univers sous-marin. Aucun détail ne lui échappe et son enthousiasme métamorphose la plongée la plus banale en un véritable enchantement.

De retour sur l'île, vous n'avez qu'à déposer votre équipement et rentrer à l'hôtel. Le club le rincera et s'en occupera, puis le rangera dans le bateau pour la plongée de l'après-midi ou celle du lendemain. La petite équipe du club, très professionnelle, offre un excellent service personnalisé en harmonie avec celui de l'hôtel.

en bref

Bateau	9 m
Taille du groupe	6 personnes et +
Instructeurs	4
Langue	anglais
Cours	PADI (tous niveaux)
Enfants	12 ans et +
Autres	location d'ordinateurs et d'appareils photos sous-marins, boissons, nettoyage de l'équipement, boutique de plongée

Les îles Vierges figurent en tête des sondages de nombreux magazines de plongée, surtout aux États-Unis, et il est facile de comprendre pourquoi : un accès aisé aux îles, des eaux abritées, une population amicale et un vaste choix d'hôtels. Les plongées sont magnifiques, notamment celles sur épaves. La faune marine est abondante et la diversité des sites comblera les débutants comme les plongeurs plus expérimentés.

ci-dessus
Le RMS *Rhone*, **échoué depuis 150 ans, est aujourd'hui totalement incrusté de coraux florissants.**

la plongée

en bref

Sites	25
Niveau	facile à avancé
Visibilité	30 m
Musts	RMS *Rhone*
Snorkelling	bon sur le récif attenant à la base et depuis le bateau de plongée
Combinaison	3 mm
Coraux	très bon état
Faune	cobias, vers plats, raies aigles, anguilles-serpents à taches dorées, murènes dorées, murènes-vipères, murènes à gueule rayée, murènes vertes et murènes tachetées, requins de récifs, requins-nourrices, requins-bouledogues, grands requins-marteaux, requins-citron, requins soyeux, requins sombres et requins des Galapagos, baleines à bosse, poissons-crapauds
Autres	plongées noctures, plongées sur épave, parc marin

Les snorkellers se rendront en priorité aux *baths* sur l'île de Virgin Gorda. Ces énormes blocs de granit posés les uns sur les autres ont formé une série de tunnels et de trous d'eau turquoise, dont l'exploration est fascinante. Par beau temps, aventurez-vous sur le récif extérieur pour rencontrer des carangues gros yeux, des carangues à plumes, des carangues arc-en-ciel... Vous verrez sans doute de nombreux requins : des requins-bouledogues, de grands requins-marteaux, des requins citron et même des requins soyeux, des requins sombres et des requins des Galapagos.

Les récifs sont très sains, avec leurs forêts de gorgones qui oscillent dans le courant et leurs coraux mous. Ne touchez surtout pas les coraux de feu, à Santa Monica Rock notamment, car leur contact provoque des brûlures. Les plongées s'effectuent la plupart du temps sur des pentes récifales à éperons et sillons descendant jusqu'à un fond sableux, où l'on rencontre souvent des blennies et des opistognathes à tête jaune, des anguilles-jardinières et de grosses raies pastenagues qui croient passer inaperçues en s'enfouissant dans le sable. Scrutez bien l'herbier à tortues car, outre des poissons-trompettes, vous avez une petite chance d'apercevoir de magnifiques murènes tachetées.

image principale
Durant la journée, les cerveaux de neptune ne suscitent guère l'intérêt du plongeur, mais la nuit, quand ils se nourrissent, ils se métamorphosent en véritable œuvre d'art.

en haut
Malgré ses couleurs vives, l'ange royal réussit quand même à se fondre dans le récif.

au milieu
Le pont passagers du RMS *Rhone* **constitue une plate-forme idéale pour observer la vie marine.**

en bas
Après le frai, les balistes défendent farouchement leur territoire. Armés d'une denture très tranchante, ils n'hésitent pas à mordre les plongeurs sans méfiance.

ci-dessus

Le *RMS Rhone* **est réputé pour être le plus beau site de plongée sur épaves des Caraïbes.**

Beaucoup viennent ici pour explorer les épaves. Le RMS *Rhone* est l'une des plus célèbres au monde. Ancré au large de Peter Island lors du cyclone de 1867, ce bateau tenta d'échapper au naufrage en prenant la direction de la pleine mer, avant de sombrer quelques miles plus loin. Aujourd'hui, l'épave gît entre 9 et 28 mètres de profondeur. On commence par explorer la proue, puis la poupe, lors d'une seconde plongée. Il est préférable de consulter un plan (vous en trouverez un à bord du bateau) pour comprendre les éléments épars qui gisent sur le fond marin : par exemple le hublot de la suite nuptiale, que des plongeurs ont frotté jusqu'à faire scintiller le laiton, persuadés que cela leur portera chance. Vous pouvez facilement nager à l'intérieur où la faune abonde : murènes jaunes, langoustes, barracudas, carangues, gorettes, poissons-soldats, chevaliers ponctués, anges royaux, coffres à cornes, poulpes et murènes vertes. Allez contempler également le seul canon restant, le winch impressionnant et l'ancre solitaire. Les poissons se détachent merveilleusement sur les formes fantomatiques du navire, effet renforcé par la lumière filtrée du soleil. Les rencontres peuvent être surprenantes dans les innombrables recoins de l'épave.

ci-dessus

En s'échouant, le RMS *Rhone* **s'est cassé en trois morceaux. Répartis sur le fond de l'océan, ils offrent d'infinies possibilités d'exploration.**

ci-dessus

Cet ancien remorqueur est aujourd'hui commandé par une tortue qui a établi ses quartiers dans la timonerie.

ci-dessous, à gauche

Le RMS *Rhone* **fut l'un des premiers navires construits en acier, ce qui a facilité l'accumulation de concrétions.**

ci-dessous, à droite

Les eaux transparentes qui entourent Peter Island offrent une grande diversité d'espèces de coraux.

Ici, tout semble irréel. Tout en vous prélassant dans un bain bouillonnant à l'arrière d'un bateau de 36 mètres, loin de la terre, au milieu des eaux chaudes des Caraïbes, vous contemplez le spectacle des baleines à bosse qui bondissent, frappent l'eau de leur queue, ou nagent paresseusement en compagnie de leurs petits. Un tel spectacle est ici presque banal.

yacht

turks and caicos aggressor II

Le *Turks and Caicos Aggressor II* est un bateau de plongée de 36 mètres. Sa construction a duré 2 ans (2002-2003) et a été supervisée avec soin par le capitaine-propriétaire Piers van der Walt. Il croise dans les eaux des îles Turks et Caicos. Chaque année, pendant 6 semaines, il s'écarte de son parcours habituel pour rallier la réserve marine de Silver Banks, au sud de la République dominicaine. Les passagers y vivent une expérience hors du commun : l'approche des baleines à bosse. Une traversée de 8 heures depuis Puerto Plata vous conduira entre la République dominicaine et les îles Turks et Caicos, au nord des Caraïbes.

Selon votre budget, vous avez le choix entre plusieurs types de chambres : les cabines pour 2 personnes, celles pour 4 et une cabine de luxe. Toutes sont climatisées. Les cabines 2 et 4 sont les plus calmes car les plus éloignées du générateur. La cabine de luxe se situe à la proue ; elle est plus spacieuse et pourvue d'un grand lit. L'espace de rangement est limité, mais les combinaisons et l'équipement de snorkelling étant stockés sur le pont, il reste assez de place pour ranger ses affaires. Heureusement, vous pouvez vous munir d'un bagage léger, la vie à bord est décontractée et vous n'aurez pas besoin de nombreux vêtements. Chaque cabine est pourvue d'un

en bref

Aéroport	Puerto Plata
Compagnies	American Airlines, Continental Airlines
Transfert	30 mn en voiture
Hébergement	9 cabines climatisées
Staff ratio	1
Services	email, lecteur DVD, jacuzzi, appareil photo numérique en location, téléphone satellite
Enfants	10 ans et +
Courant	prise plate à deux fiches
Monnaie	dollar américain
GMT	-5
Site Internet	www.aggressor.com
Réservations	www.plongee-chic.com

lecteur de DVD mural, avec une sélection de plus de 200 films constamment mise à jour.

Le *Turks and Caicos Aggressor* est équipé d'un ordinateur avec accès Internet via un téléphone satellite. Après le dîner, des projections de diapositives et de brèves conférences vous aideront à comprendre les baleines, mais si d'aventure votre attention s'égare, il vous suffira de regarder par la fenêtre pour voir les héros de la conférence s'ébattre sous vos yeux.

Vous passerez 5 jours sur le récif de Silver Banks, avec 2 sorties quotidiennes sur un canot pneumatique à coque rigide. Après le petit-déjeuner, Piers vous fera un briefing complet, puis vous partirez à la recherche des cétacés. Deux séances de 3 heures à bord d'un dinghy, sous un soleil brûlant, cela peut paraître éprouvant, mais tout sentiment d'inconfort disparaîtra dès que vous verrez les baleines.

À la fin de l'expédition, un DVD contenant des vidéos tournées pendant votre séjour vous sera proposé, un merveilleux souvenir. Si vous préférez prendre vos propres photos, un grand choix d'appareils sous-marins 35 mm ou numériques sont en location.

La qualité des repas est variable. Le petit-déjeuner – porridge, œufs et crêpes – est très nourrissant et le déjeuner se compose habituellement d'un plat de pâtes, particulièrement bienvenu après des heures passées dans l'eau. Le dîner est moins satisfaisant car les ingrédients frais sont rares. Avant le départ, vous pourrez demander au chef de constituer un petit stock de *mahi-mahi* (dorade coryphène) à Puerto Plata.

Il n'y a pas de manière plus sûre et plus confortable de nager en compagnie de baleines à bosse. Après une journée inoubliable au milieu de ces créatures majestueuses, vous profiterez d'un bon bain bouillonnant, d'un bon cocktail et, pourquoi pas, d'un bon film allongé sur votre lit.

Que rêver de mieux ?

ci-dessus
Ce pourrait être vous nageant à quelques mètres seulement d'une baleine à bosse de 40 tonnes.

Chaque année, de la fin janvier à la fin mars, des milliers de baleines à bosse quittent l'Atlantique nord, pour rejoindre, à plus de 2 500 kilomètres, les eaux chaudes et abritées de Silver Bank en République dominicaine. Pour des raisons que la science ignore toujours, elles effectuent ce voyage pour donner naissance à leurs petits de quatre mètres de long, s'accoupler à nouveau, puis reprendre la route du nord. Durant ce périple, elles ne mangent jamais.

snorkelling

Pour une telle sortie, les précautions d'usage des moniteurs – « normalement, vous devriez voir... » – n'ont pas lieu d'être. À la bonne époque de l'année, le spectacle subaquatique est garanti. Vous nagez en compagnie des baleines (12 mètres de long et 40 tonnes) et de leurs petits et observez leurs sauts impressionnants. Si la chance vous sourit, vous pourriez même profiter de la compagnie d'une jeune baleine folâtre prénommée Valentine. Vous flottez à la surface de l'eau et laissez les baleines venir à moins d'un mètre de vous, et non l'inverse. Quand vous vous glisserez dans l'eau avec votre masque et votre tuba, que vous flotterez au-dessus d'un gigantesque monstre endormi, il vous sera difficile, même en vous sachant en parfaite sécurité, d'éviter d'avoir le cœur qui bat la chamade, en proie à des sentiments de peur et d'émerveillement. C'est un grand privilège de les voir, surtout lorsqu'on considère que, en dépit de siècles de chasse impitoyable, elles font partie des rares animaux qui autorisent l'homme à s'approcher de leurs nouveaux nés.

Vous n'aurez besoin d'aucune qualification et, si vous êtes capable de plonger avec masque et tuba, vous pourrez côtoyer quelques unes des plus grosses et des plus grandes « stars » de la nature, pour des souvenirs inoubliables.

ci-contre, en haut
Les baleines à bosse ne sont pas la seule attraction de Silver Bank. Il n'est pas rare d'y croiser des bancs de dauphins, qui semblent particulièrement apprécier les contacts avec l'homme.

ci-contre, au milieu
Le spectacle impressionnant des baleines à bosse qui bondissent à la surface et frappent l'eau de leur queue..

ci-contre, en bas
Les baleines sont tellement proches que vous pourriez les toucher. La mère demeure à une certaine profondeur mais ne quitte pas des yeux son petit qui remonte à la surface pour vous saluer.

en bref

Niveau	facile
Visibilité	15 à 25 m
Snorkelling	unique au monde
Combinaison	3 mm
Coraux	peu intéressants
Faune	baleines à bosse, dauphins tachetés
Autres	parc marin

Si vous vous imaginez les Caraïbes comme un lieu paradisiaque où les plages sont de sable blanc, l'eau limpide, l'architecture spacieuse et originale, le tout niché dans un écrin de verdure luxuriante parsemé de palmiers, vous voyez juste, sauf pour l'écrin de verdure. Il y a finalement peu de palmiers dans la région et les paysagistes leur ont préféré les buissons et arbres locaux, plutôt que d'importer toute la végétation.

amanyara

hôtel amanyara

Le trajet depuis l'aéroport n'est pas des plus inspirants, mais on l'oublie dès que l'on approche du parc de l'hôtel. Les derniers mètres se font sur des routes sablonneuses, et on se rend compte alors que l'on est dans l'un des plus beaux endroits de ces îles. Parrot Cay mis à part, tous les autres hôtels haut de gamme sont regroupés autour de la plage jadis préservée de Grace Bay. Sur la route d'Amanyara, on ne croise personne pendant des kilomètres ; l'endroit est aussi isolé que possible, tout en restant à moins d'une heure d'un terrain de golf.

L'hôtel est entièrement tourné vers l'immense bassin dans lequel se reflètent les bâtiments principaux, dont le bar qui s'élançe vers le ciel avec un étonnant plafond en bois. Derrière, un autre bassin à débordement – dont le fond cette fois-ci est en quartz noir – est bordé de transats confortables et fait face à la côte rocheuse et au-delà, à la mer turquoise. Jusque là, on pouvait se croire en Extrême-Orient, mais, au bar de la plage, les Caraïbes reprennent leurs droits. Ces îles peuvent se vanter d'avoir quelques-unes des plus belles plages au monde, et celle-ci en fait clairement partie. Mais il ne faut pas s'y tromper, ce n'est pas le genre d'hôtel où l'on reste les pieds dans le sable.

Il existe deux types de chambres, que l'on rejoint par des petits chemins en pierre sinueux. Cachées derrière des buissons, 17 chambres font face

en bref

Aéroport	Providenciales
Compagnies	British Airways, American Airlines
Transfert	25 mn en 4x4
Hébergement	40 chambres et 20 villas (toutes climatisées)
Staff ratio	2+
Activités	cinéma, piscine, pêche en haute mer, tennis, kayak, hobie cat, spa, golf (à 45 mn), snorkelling
Services	wi-fi, télévision, lecteur DVD, station d'accueil pour iPod, room-service
Enfants	tous âges
Courant	prise plate à deux fiches
Monnaie	dollar américain
GMT	-5
Site Internet	www.amanresorts.com
Réservations	www.plongee-chic.com

à l'océan. Certaines s'ouvrent sur de petites criques de sable blanc. Les Pond Villas semblent flotter sur des sortes de petits lacs salés créés spécialement pour l'hôtel. Les chambres, spacieuses, sont dans la plus pure tradition des hôtels Aman : les lits y sont confortables et les lumières douces. Ma déception au départ, lorsque j'ai appris que ma chambre n'avait pas vue sur la mer, a vite disparu lorsque j'ai découvert le charme du bassin qui donne directement sur la terrasse de la chambre : on a l'impression de loger sur un bateau paisible.

Impossible de trouver quelque chose à redire à ces chambres : sols en mosaïque, fenêtres qui occupent trois pans de mur, plafonds en bois couleur miel, délicats oreillers en duvet, salle de bains, vaste et semi-ouverte, tout a un côté à la fois imposant et douillet. C'est une combinaison assez imbattable, mais qui correspond également au prix élevé. C'est l'une des choses que l'on ne peut nier concernant les hôtels Aman : le séjour est onéreux mais on ne repart jamais en ayant le sentiment de s'être fait flouer.

Les repas sont servis où on le souhaite. Petit-déjeuner dans un pavillon au bord de la piscine, déjeuner au bar de la plage, dîner flottant au-dessus de la piscine à débordement ou au calme, dans le restaurant confortable et climatisé, les choix sont nombreux. En ce qui concerne la nourriture justement, le chef suisse, qui officiait précédemment avec brio à Lizard Island, en Australie, continue ici de nous émerveiller. Une touche orientale, très légère, apparaît ça et là dans le menu délicieusement inventif ; le mot « fusion » serait peut-être trop fort pour le qualifier. Les plats proposés au dîner changent tous les soirs et visiblement, quoi que l'on choisisse, c'est divin. En clair, vous ne trouverez pas une meilleure table dans la région.

Difficile de résumer ce premier hôtel caribéen du groupe Aman. L'hôtel tire vraiment son épingle du jeu. Et même si son style n'est pas totalement local, il répond parfaitement aux critères exigeants de la chaîne. Après réflexion, on ne peut s'empêcher de penser que nous avons peut-être là le meilleur hôtel des Caraïbes...

Le centre de plongée est vraiment irréprochable avec des équipements spacieux, des douches gigantesques, un stock important de serviettes molletonnées et une gamme complète de gilets stabilisateurs et de combinaisons toutes neuves. Ce centre est géré par Big Blue, le meilleur des professionnels de la région, spécialisé dans les petits groupes, pour des plongées quasi privées.

le centre

La plage d'une beauté incroyable et ses eaux vraiment transparentes sont une invitation à se jeter à l'eau pour parfaire sa pratique de la plongée. Après tout, on pourrait la considérer comme une immense piscine, même s'il n'y a pas de récif ici pour la protéger, et que les tempêtes font parfois des dégâts. Je ne vois pas de meilleur endroit pour apprendre la plongée, d'autant plus au vu de la qualité des enseignements dispensés ici.

Rendez-vous directement sur la plage, où l'un des grands catamarans de Big Blue vous emmènera sur les sites de plongée. Les plus proches ne sont qu'à quelques minutes seulement, mais les meilleures plongées sont à faire plus loin. Les bateaux de Big Blue sont parfaits pour cela et vous offriront une superbe traversée. L'équipage de plongeurs est vraiment sympathique – Paul réussira peut-être même à vous faire changer d'avis sur les Anglais – et il connait ces eaux et l'ensemble des sites depuis des années.

Sur le bateau, vous trouverez un large choix de boissons fraîches, indispensable entre deux plongées. Lorsque l'excursion dure la journée, l'hôtel Amanyara fournit un délicieux déjeuner qui viendra agréablement compléter ce qui devrait être un moment inoubliable.

en bref

Bataux	catamarans de 8 mètres et de 12 mètres
Taille du groupe	4 à 6 personnes
Instructeurs	8
Langues	anglais
Cours	PADI (tous niveaux)
Enfants	12 ans et +
Autres	location d'ordinateur, Nitrox, préparation et lavage du matériel, boissons, déjeuners, possibilité d'avoir un guide privé
Site Internet	www.bigblue.tc

ci-dessus
Tombants et excellente visibilité sont ici au rendez-vous.

à droite
Une superbe monnaie caraïbe à ocelles.

La région se distingue par ses tombants qui s'enfoncent de vingt mètres jusqu'à plus de deux mille mètres de fond et forment une sorte de gouffre au-dessus duquel on vagabonde, sans jamais être sûr de ce que l'on va croiser : requins, raies-aigles, dauphins et même baleines à bosse à la bonne saison.

ci-dessus
Les pieuvres sont assez nombreuses mais difficiles à voir grâce à leurs incroyables capacités de camouflage

la plongée

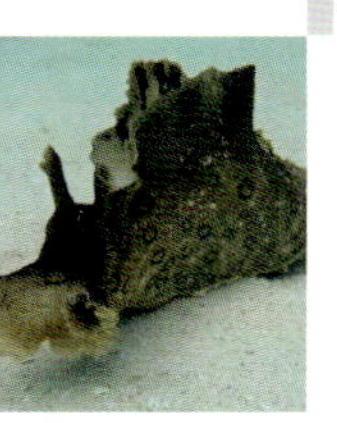

en bref

Sites	10 et +
Niveau	facile à moyen
Visibilité	de 20 et 75 mètres
Musts	Black Coral Forest et Crack, Sandbore Channel et French Cay
Snorkelling	tous les jours, trajet d'1 heure vers les récifs proches
Combinaison	3 mm
Coraux	corail dur et corail noir sains
Faune	baleines à bosse, barracudas, requins de récif, grands requins-marteaux, dauphins, raies-aigles
Autres	caisson hyperbare à Providenciales ; la plupart des plongées se font dans des parcs sous-marins

Amanyara est situé sur ce qui était autrefois l'un des grands sites de plongée de ces îles. Les temps ont changé et aujourd'hui seuls Amphitheatre et Black Coral Forest méritent vraiment le détour, ainsi que, si vous n'êtes pas claustrophobe, Hole in the Wall. Ces plongées sont intéressantes car faciles d'accès, paisibles et l'on peut se retrouver nez à nez avec la grande faune marine à tout moment. Mais pour vous amuser vraiment, il faut aller un peu plus loin et je vous conseillerais de passer le strict minimum sur le récif local, avant de filer ailleurs.

French Cay et Sandbore Channel sont les deux plongées à faire absolument. Comptez une journée pour la première, moins pour la seconde qui est facile d'accès depuis l'hôtel mais dépend de la marée et du temps qu'il fait. L'île voisine de West Caicos peut aussi être l'occasion de belles plongées, surtout à Anchor, un site nommé ainsi d'après l'ancre qui repose sur le récif depuis le XVIIIe siècle, aujourd'hui incrustée de corail. Mais en dehors de cela, malheureusement, le développement touristique de cette île autrefois isolée semble avoir eu un impact négatif sur l'ensemble de la faune marine.

French Cay, c'est d'abord un superbe trajet de 45 minutes pour traverser les hauts-fonds limpides et atteindre la paroi rocheuse

à droite
Un poisson-papillon caché dans le corail.

ci-dessus
En règle générale, les tortues vertes sont d'approche facile.

à droite
Les mérous abondent, mais ils se méfient des hommes. Il est donc difficile de les approcher.

droite

plongeant ici, on ne sait
nais qui l'on va croiser :
eines à bosse, raies-aigles,
uins, ou dans le cas
sent, des dauphins.

ci-contre, de haut en bas

Il n'y a pas que les grands pélagiques ici, les récifs abondent d'une étonnante vie microscopique ; un parasite se fait prendre en stop par un mérou rouge ; les poissons-anges empereur sont innombrables.

ci-contre, de gauche à droite, de haut en bas

Les raies-aigles patrouillent régulièrement le long des parois rocheuses ; les hippocampes sont rares ; un fond marin très coloré ; vous êtes assuré de voir des requins gris de récif à French Cay, qui seront ravis de faire plus ample connaissance.

située au sud des îles. Hors de vue de la côte, le bateau fend les vagues transparentes au-dessus de dauphins, de raies et de requins, dont les silhouettes se découpent sur les bancs de sable qui ne sont qu'à quelques mètres au-dessous de vous. À l'arrivée, vous découvrirez un récif florissant, aux parois recouvertes de gorgones. Des raies-aigles, souvent en groupes, et même des baleines à bosse à la bonne saison sont de fréquents visiteurs. Si vous avez de la chance, ou plutôt si vous êtes en petit comité, vous pourriez fort bien tomber sur un grand requin-marteau.

En bref, plus on s'éloigne de « Provo », comme est surnommée la capitale Provinciales (donc plus on s'éloigne de l'homme), plus l'environnement marin devient sain. Sur les deux sites de French Cay (Double D et G Spot) il n'y a pas beaucoup de monde, et, en fonction du courant, l'eau peut être très claire. Parfois, en hiver, cela secoue un peu, mais si c'est le cas l'équipage vous emmènera vous abriter quelques minutes sur l'un des bancs de sable (« cay » en anglais) minuscules et déserts qui constituent un endroit idéal pour déjeuner. Un point important à noter : étant donné la profondeur de la paroi de corail à cet endroit, cela vaut vraiment la peine de plonger avec du Nitrox pour prolonger son temps au fond. Il y a beaucoup de choses à voir et d'innombrables têtes de corail à explorer. On augmentera également ses chances de voir de gros poissons.

À l'exception des « îles ABC » (Aruba, Bonaire et Curacao) loin au sud, ou le long des côtes du Belize, les Caraïbes ne sont pas spécialement réputées pour la qualité de leurs plongées, probablement à cause de la pression que l'homme maintient en continu sur la nature dans la région. Depuis 20 ans, la dégradation des fonds aux îles Turks et Caicos est manifeste ; dans le cas présent le développement frénétique n'a pas spécialement aidé, renforcé par le désintérêt du gouvernement pour la protection de l'environnement marin. Cependant, le site reste idéal pour les amateurs de tombants qui souhaitent voir quantité de poissons. Séjourner à l'Amanyara rendra le tout enchanteur.

italie

À quelques kilomètres au sud de la Corse, la Sardaigne est un bloc de granit bordé de plages et de criques de sable blanc, dont les sites de plongée sont parmi les plus beaux de Méditerranée. En 1960, l'Aga Khan fit l'acquisition de plus de cinquante kilomètres de côtes. Il entreprit de les mettre en valeur sous le nom de Costa Smeralda (Côte d'émeraude), en raison de la couleur caractéristique des eaux entourant l'île.

La Costa Smeralda est le symbole même de la Sardaigne. Son attrait doit beaucoup au contrôle strict imposé au développement immobilier et à la protection rigoureuse de l'environnement naturel. Ainsi, même 40 ans plus tard, la Costa Smeralda semble relativement préservée. Les nouvelles restrictions concernant la construction sur la côte laissent penser que cette situation perdurera.

La Sardaigne est une contrée paisible la plus grande partie de l'année, mais en juillet et en août, quand le soleil brille de tous ses feux, elle s'anime avec l'arrivée en force de la jet-set. Six semaines durant, des yachts luxueux jettent l'ancre dans les baies tandis que leurs propriétaires se détendent à Porto Cervo, si pittoresque, et font la fête au bien nommé club Billionaire. Durant la saison estivale, les prix montent en flèche en raison de la très forte demande, et bon nombre d'hôtels ne restent ouverts que quatre mois. Cette île est cependant demeurée un havre de tranquillité, comme en témoigne l'hôtel Pitrizza.

Blotti derrière sa plage privée sur un petit promontoire granitique, l'hôtel Pitrizza, inauguré en 1963 puis totalement rénové en 1990, occupe une position de choix sur cette côte sarde à la fois sauvage et élégante. Sa conception respecte l'esprit de la Costa Smeralda : une nature préservée, des jardins et une architecture en parfaite harmonie avec le paysage déchiqueté de la côte nord-est de la Sardaigne.

hôtel pitrizza

Les 56 villas de l'hôtel Pitrizza sont éparpillées à travers les jardins par petits groupes dans des bâtiments rustiques en pierre, reliés par un réseau d'allées en dalles de terre cuite qui serpente à travers oliviers, bougainvilliers, rosiers, hibiscus et lauriers-roses. Les pelouses qui relient les bâtiments à la plage recouvrent même les toits.

Au cœur de l'hôtel, se trouvent un bar et un restaurant avec terrasse d'où l'on contemple les eaux émeraude de la Méditerrannée. Dans le plus pur style italien, le dîner se prend dehors, en surplomb de la piscine d'eau de mer à débordement. Taillée dans le granit, c'est une sorte de bassin géant dont la plupart des roches ont conservé leur état originel.

L'hôtel Pitrizza n'est ouvert que durant la saison, de mai à septembre. L'eau est trop froide à toute autre époque de l'année, en raison des courants de l'Atlantique qui passent en Méditerranée par le détroit de Gibraltar. Tout cela a un prix et les tarifs des hôtels de la Costa Smeralda s'élèvent en même temps que la température. Sachez toutefois que vous séjournerez dans l'un des plus beaux hôtels de la Méditerranée, à proximité immédiate des meilleurs sites de plongée de la région.

en bref

Aéroport	Olbia
Compagnies	Easyjet, Air France
Transfert	30 mn en taxi
Hébergement	56 villas (toutes climatisées)
Staff ratio	2+
Activités	sports nautiques, golf, tennis, squash, équitation, pêche, karting, spa, piscine, gymnase
Services	Internet, téléphone, télévision, lecteur de DVD, room service
Enfants	tous âges
Courant	prise plate à deux fiches
Monnaie	euro
Site Internet	www.starwoodhotels.com
Réservations	www.plongee-chic.com

Le centre de plongée Proteus Diving est à cinq minutes de l'hôtel Pitrizza. Une navette vous prendra à la plage de l'hôtel, si vous réservez à l'avance. Vous pouvez apporter votre équipement, mais il est plus simple d'en louer un au club, dont l'équipe, très amicale, offre un service personnalisé. Votre groupe ne comportera jamais plus de cinq plongeurs (certains autres clubs organisent des sorties avec parfois plus de vingt personnes).

le centre

Le bateau de plongée, un Zodiac doté d'un puissant moteur hors-bord, est idéal pour rallier les sites, dont la plupart sont à moins de 30 minutes, dans des eaux protégées et calmes. Il existe 15 autres clubs de plongée sur la Costa Smeralda, aussi la mer donne-t-elle parfois l'impression d'être passablement fréquentée. Mais ne paniquez pas, une quarantaine de sites offre un large choix de plongées en toute tranquillité.

Comme la saison hôtelière, la saison de plongée dépend des conditions climatiques et dure de mai à septembre. L'eau peut être froide en début de matinée, mais atteint 25° au plus fort de l'été. Juin est un bon choix, mais septembre est sans doute la meilleure période : la mer est encore chaude et la plupart des touristes sont repartis. Le club possède des combinaisons adaptées aux différentes conditions météorologiques (en mai par exemple, des combinaisons de 5 mm), mais comme toujours, il vaut mieux apporter son propre masque et un vêtement avec capuche. Ces accessoires éviteront tout problème, même pendant les mois les plus frais.

Les plongées, habituellement une seule par sortie, ont lieu le matin ou l'après-midi. Les navettes offrent une grande souplesse. Vous pouvez opter pour une plongée double et profiter de l'intervalle de surface pour déjeuner sur l'une des plages de sable blanc de la côte.

en bref

Bateaux	zodiac de 6 m
Taille du groupe	5
Instructeurs	2
Langues	italien, français, anglais
Cours	PADI et CMAS
Enfants	14 ans et +
Autres	location d'ordinateurs, repas et boissons, préparation et nettoyage de l'équipement, navettes privées, Nitrox, recycleurs
Site Internet	www.proteusdiving.it

ci-dessus
Exemple remarquable de l'architecture des canyons et des passes de ce littoral.

La plongée en Sardaigne, avec une visibilité presque illimitée, offre des conditions semblables à celle d'un aquarium. Réputés les plus fascinants de Méditerranée, les sites de l'île sont variés et conviennent à tous les plongeurs, débutants ou expérimentés.

la plongée

Ce coin de Sardaigne est un parc naturel du nom d'archipel de la Maddalena. Vous y trouverez davantage de poissons que partout ailleurs en Méditerranée. À Picchi di Punta Coticcio, murènes, poulpes, mérous, magnifiques nudibranches, rascasses, langoustes et bancs de castagnoles créent un spectacle digne de la mer Rouge. Peu de grands poissons évoluent dans ces eaux, mais, dans les îles Lavezzi, vous pourrez tomber sur un groupe de mérous de bonne taille nullement impressionnés par la présence des plongeurs.

Les îles de la Sardaigne sont faites de granit, avec des formations rocheuses en pente douce qui rappellent les Seychelles. L'une d'entre elles, Caprera, se trouve juste en face de l'hôtel Pitrizza, de l'autre côté de la baie. Secche dei Monaci, célèbre pour ses gorgones rouges, est constitué de deux secs. La Grotta di San Francesco est exceptionnelle : après avoir été accueilli par un mérou surnommé « le Réceptionniste », vous emprunterez un tunnel pour émerger dans un bassin d'une eau aigue-marine qui laisse découvrir le ciel entre deux parois rocheuses. Tombants de granit, canyons, ravins, grottes et pics balayés par le courant composent un arrière-plan saisissant à chaque plongée. La variété de la vie marine dans cette *Mare morto* si mal nommée est vraiment remarquable.

ci-contre, de gauche à droite, de haut en bas
C'est probablement le seul endroit en Italie où vous pourrez voir des « calamars » ailleurs que dans votre assiette ; les grands mérous ont fait leur réapparition dans ce parc marin et sont relativement approchables, en particulier aux îles Lavezzi ; les poissons-scorpions d'une beauté saisissante nagent dans ces eaux, leurs couleurs parfaitement camouflées n'étant révélées que par le flash ; les nombreuses anfractuosités de la paroi rocheuse abritent murènes et congres.

en bref

Sites	15
Niveau	facile à avancé
Visibilité	30 m
Musts	Punta del Papa, Lavezzi
Snorkelling	aucun
Combinaison	5 mm
Coraux	aucun
Faune	mérous, murènes, poulpes, rascasses, congres, nudibranches, bancs de barracudas, raies électriques, gorgones rouges
Autres	sorties à la journée, plongées nocturnes, parc marin

Langue de terre triangulaire bordée par la mer Rouge à l'ouest et le golfe d'Akaba à l'est, le Sinaï, comme beaucoup de déserts, est spectaculaire. Mais ici, le contraste entre les roches rouges et les eaux bleues transparentes est particulièrement frappant. Charm el-Cheikh, à l'extrémité de la péninsule, est idéalement situé pour accéder aux sites de plongée de renommée mondiale du parc national marin de Ras Mohammed et du détroit de Tiran.

Unique pont terrestre reliant l'Afrique et l'Asie, le Sinaï est bordé par Israël au nord et fait face, à l'est, à l'Arabie saoudite, de l'autre côté du golfe d'Aqaba. Par sa position stratégique, la péninsule du Sinaï a été le théâtre de nombreux conflits dans le passé, mais il ne faut pas que cela dissuade les visiteurs. En effet, s'il y a des risques, ils ne sont pas plus élevés que dans de nombreuses autres régions du monde.

Autrefois paisible village de pêcheurs, Charm el-Cheikh était le seul endroit habité de cette bande de terre désolée, mais grandiose. Jusqu'en 1982, il n'y avait qu'un hôtel. Les choses ont changé ces dernières années et si la ville est, comme autrefois, cernée de montagnes et de *wadis* arides, elle abrite aujourd'hui quelque 138 hôtels, en service ou en construction. La plupart d'entre eux s'adressent aux touristes en voyage organisé. Mais allez directement au Four Seasons ; cet oasis balnéaire surpasse tous les autres.

Il y a quelques années, le site du Four Seasons de Charm el-Cheikh était une zone désertique de sable et de rocs d'une beauté à couper le souffle. Aujourd'hui, grâce à une station de dessalement de l'eau de mer, la zone s'est métamorphosée en une oasis verdoyante. Construit en 2002, l'hôtel descend en pente douce jusqu'aux rives de la mer Rouge. Trois cents palmiers marquent la frontière entre le complexe hôtelier et la nature environnante.

hôtel

four seasons charm el-cheikh

Une large allée conduit au cœur de l'hôtel, une construction spacieuse de pierre crème au style architectural égyptien, qui abrite la réception et plusieurs restaurants, surplombant les jardins et la mer. Au nord de ce bâtiment se trouvent les 64 suites disposant de deux chambres, idéales pour les familles ; les 136 autres chambres se trouvent au sud.

Bien que cet établissement possède 200 chambres, vous n'aurez jamais l'impression d'être au milieu d'une foule. Les jardins en terrasses sont parsemés de petites places ornées de bougainvilliers que l'on rejoint par de larges allées empierrées, ou à bord d'un petit tram dont raffolent les enfants. Cet aménagement original de l'espace donne au domaine l'aspect d'un petit village.

Toutes les chambres possèdent leur terrasse, certaines donnant directement sur les jardins, tandis que les chambres de catégorie supérieure ont une vue splendide sur les terrains qui descendent jusqu'à la mer. L'intérieur, au sol de marbre, est simple et élégant et constitue, en fin de la journée, un havre de fraîcheur et de tranquillité avec un lit d'un grand confort, des oreillers duveteux, une couette délicieuse et des draps en coton, égyptien bien sûr. Les salles de bain sont tout aussi luxueuses.

en bref

Aéroport	Charm el-Cheikh
Compagnies	Corsair, Egypt Air, Swiss
Transfert	10 mn en limousine
Hébergement	210 chambres (toutes climatisées)
Staff ratio	4
Activités	visite du monastère de Sainte-Catherine et d'un camp bédouin, excursion en quad ou à cheval dans le désert, visite du canyon coloré, yoga, piscine, spa
Services	internet, téléphone, télévision, lecteur de DVD et de CD, room service
Enfants	tous âges
Courant	prise ronde à deux fiches
Monnaie	livre égyptienne
GMT	+2
Site Internet	www.fourseasons.com
Réservations	www.plongee-chic.com

To get back
my youth I
would do
anyting in thi
world excep
take exercise
get up early o
be respectabl

Les architectes ont fait un superbe travail, mais ce sont les jardiniers paysagistes qui remportent la palme. Ils ont planté près de 1 800 palmiers et, dans une région où l'eau est une denrée rare, chaque patio est agrémenté d'une fontaine. Un ruisseau s'écoule en cascade sur des assemblages de roches depuis le cœur de l'hôtel, et le son apaisant se mêle jusqu'à donner le vertige aux senteurs de jasmin et aux couleurs de la végétation.

Vous pouvez prendre vos repas à la plage ou dans le bâtiment principal. Le petit-déjeuner, délicieux, est compris dans le prix de la chambre. Le Reef Grill, perché sur une petite falaise à pic, isolée dans le sable, offre une vue fabuleuse sur l'île de Tiran et convient parfaitement pour un déjeuner frugal ou un dîner léger. À l'hôtel même, vous pouvez dîner au restaurant Arabesque (plats marocains et libanais), ou bien au Il Frantoio, pour une cuisine italienne servie en terrasse. La cuisine est excellente, mais un peu chère tout de même.

L'hôtel a tiré le meilleur parti de sa plage de sable rouge, en forme de croissant, en aménageant un ensemble de petites niches qui donnent une impression d'isolement, même quand la plage est bondée. Vous pouvez faire du snorkelling tout près, mais il est plus agréable de prendre son masque et ses palmes, de se rendre à pied jusqu'au bout du ponton pour plonger dans 4,50 mètres d'eau environ et observer des poissons-lions.

Le personnel est exceptionnel, accueillant, amical et prêt à vous rendre tous les services. Tout est fait pour occuper les enfants, mais si ces derniers vous dérangent, évitez les périodes de vacances scolaires.

Si d'aventure vous vous sentez un peu las de la plongée et du snorkelling, diverses activités vous attendent. Vous pourrez par exemple faire du quad ou vous rendre au monastère de Sainte-Catherine au pied du Mont Sinaï. Vous pourrez aussi survoler en avion la côte et les récifs environnants, spectaculaires vus du ciel.

Si vous rêvez de soleil et de merveilleuses plongées, ne cherchez pas : le Four Seasons de Charm el-Cheikh sera le meilleur choix pour allier confort et proximité de sites incontournables.

Sinai Blues est situé au cœur de la plage du Four Seasons, à 5 minutes à peine de toute chambre. Ce centre d'un haut niveau professionnel propose des sorties plongée et des excursions snorkelling. Un matériel varié est disponible en location. Il n'y a jamais plus de six plongeurs par instructeur, vous êtes donc certain de profiter d'une grande attention, tant sur le bateau que sous l'eau.

le centre

La plongée sous-marine est une activité très pratiquée en mer Rouge. Le gouvernement égyptien a entrepris de limiter à 300 le nombre de bateaux de plongée dans ses eaux, y compris les bateaux de croisière-plongée. Ne soyez cependant pas surpris par l'armada de coques blanches qui encombrent l'horizon...

Pour éviter la cohue, une seule solution : avancer votre horloge interne de quelques heures. Si vous comptez vous rendre à Ras Mohammed au sud, il vaut mieux quitter le débarcadère à 7 h du matin. Comme vous ne serez pas rentré au début de l'après-midi, demandez à l'hôtel de vous préparer un petit-déjeuner à emporter ainsi qu'un panier-repas pour le déjeuner. Si votre destination est le détroit de Tiran au nord, vous devriez partir dès 6 h du matin. Après avoir vécu les plaisirs d'une plongée solitaire, vous serez de retour à temps pour prendre un excellent petit-déjeuner à l'hôtel.

La flottille du Sinai Blues est dirigée par le charmant Riham. Un canot pneumatique à coque rigide vous conduira au détroit en 15 minutes ; un bateau à moteur plus grand vous transportera jusqu'aux sites plus distants de Ras Mohammed. L'équipe du centre s'occupera de votre équipement et vous aidera dans l'eau et hors de l'eau. Avec 9 instructeurs, c'est l'endroit idéal pour apprendre à plonger.

en bref

Bateaux	18 m
Taille du groupe	6
Instructeurs	12
Langues	arabe, français, allemand, italien, japonais, espagnol, suédois, anglais
Cours	PADI (tous niveaux)
Enfants	8-10 ans pour les cours de plongée Bubblemaker, 10 ans et plus pour les plongées de certification Open water
Autres	location d'ordinateurs, Nitrox sur demande, boissons et repas (sur commande), préparation et nettoyage de l'équipement
Site Internet	www.sinaiblues.com

ci-dessus
Les poissons-lions sont nombreux à l'extrémité du débarcadère de l'hôtel.

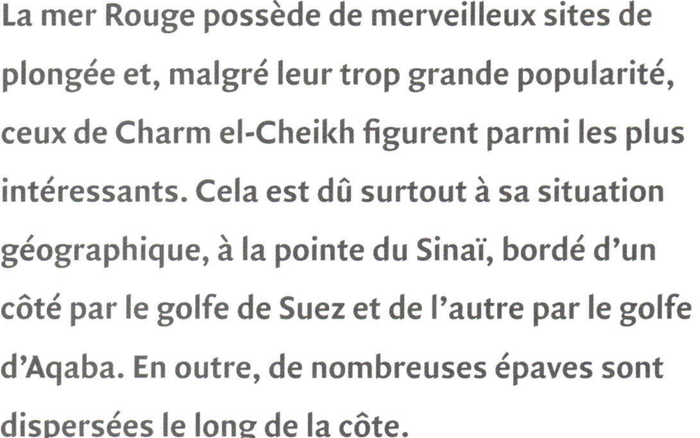

La mer Rouge possède de merveilleux sites de plongée et, malgré leur trop grande popularité, ceux de Charm el-Cheikh figurent parmi les plus intéressants. Cela est dû surtout à sa situation géographique, à la pointe du Sinaï, bordé d'un côté par le golfe de Suez et de l'autre par le golfe d'Aqaba. En outre, de nombreuses épaves sont dispersées le long de la côte.

la plongée

Certains affirment que les seuls sites de plongée dignes de ce nom en mer Rouge se trouvent aux îles Brother, ou plus loin encore au sud, au large du Soudan. Pourtant, dans la zone autour de Charm el-Cheikh, on trouve presque toutes les espèces de coraux de la région, et autant de poissons que sur la Grande Barrière de corail en Australie.

La plupart des plongées se déroulent dans deux zones, le détroit de Tiran au nord et le parc national marin de Ras Mohammed au sud. Ce dernier est l'endroit le plus connu, mais ne négligez pas le détroit de Tiran, tout aussi intéressant et plus proche. Il y a plus de 35 sites à proximité immédiate, on peut ainsi facilement passer une semaine sans avoir à explorer deux fois le même.

La topographie des récifs varie des pentes douces aux parois abruptes. Ils ont tous en commun d'avoir un sommet à quelques mètres à peine sous l'eau, ce qui assure un temps de plongée maximal et un palier de sécurité intéressant. Les récifs sont également fantastiques pour les adeptes du snorkelling qui peuvent se joindre aux sorties à Ras Mohammed. Près de l'hôtel, les bords de mer offrent un spectacle fascinant de bancs de poissons-lions et même de poissons-crocodiles. C'est un endroit recommandé pour les débutants, car les courants sont faibles.

en bref

Sites	36
Niveau	facile à avancé
Visibilité	+ de 30 m
Musts	Small Crack, Shark Reef, Yolanda Reef, Jackson Reef
Snorkelling	très bon depuis le récif, excellent depuis le bateau
Combinaison	7 mm de décembre à avril, 5 mm de mai à juin, 3 mm de juillet à septembre, 5 mm d'octobre à novembre
Coraux	excellent
Faune	requins-marteaux, carangues, barracudas, requin gris de récif, requins-baleines,napoléons, poissons-crocodiles, raies mantas et raies-aigles, murènes géantes
Autres	plongées nocturnes et sur épaves, parc marin, caisson hyperbare à Charm el-Cheikh

ci-dessus
Un oursin de mer dépourvu d'épines, une proie idéale pour les balistes.

ci-contre, en haut
On rencontre souvent les poissons cochers par couple ou en bancs.

ci-contre, au centre
Lors de plongées nocturnes, vous pourrez observer les poissons-perroquets.

ci-contre, en bas
Les murènes grises sont l'une des trois espèces de murènes présentes en mer Rouge. Les murènes géantes mesurent souvent plus de 2,80 m.

photo principale
On rencontre fréquemment des tortues à écailles, surtout dans le détroit de Tiran.

à gauche
Avec une visibilité pouvant atteindre 45 mètres, les récifs parfaitement préservés de la mer Rouge abritent plus de 1 000 espèces de poissons et plus de 200 types de coraux. La diversité de la faune marine fait de cette zone un paradis de la plongée.

à droite
La plupart des récifs de la mer Rouge se caractérisent par un foisonnement de vie. En dépit d'un trop grand nombre de plongeurs, la faune sous-marine, depuis les minuscules poissons de verre jusqu'aux gigantesques requins-baleines, est en excellente santé.

Le corail, qu'il soit mou ou dur, abonde en excellent état. Une faune marine d'une diversité extraordinaire se développe dans les récifs, avec, entre autres, selon la saison, anthias aux couleurs multiples, bancs de requins-marteaux, de carangues et de barracudas. Vous verrez aussi des murènes vertes géantes à chaque plongée, et elles sont vraiment géantes : il n'est pas rare de croiser une murène de près de 3 mètres au milieu des coraux. Les poissons-lions, de toutes tailles et de toutes couleurs, sont encore plus communs.

Small Crack (petite fissure), au bout de la péninsule du Sinaï, est l'un des sites les plus grandioses de la mer Rouge, tant pour la plongée que pour le snorkelling. Si les conditions météo le permettent, vous commencerez la plongée par le bord externe du récif où, avec un peu de chance, vous rencontrerez des requins-léopards et des bancs de barracudas et de carangues. À l'intérieur de la fissure, vous êtes en eaux peu profondes et vous n'aurez pas besoin d'une lampe torche pour admirer les couleurs incroyablement vives. On a l'impression de se trouver chez un fleuriste installé dans un immense aquarium !

La mer Rouge abrite plusieurs sites d'épave. Le *Thistlegorm* est le plus célèbre, mais il faut y aller tôt car il est très visité. Si vous avez toujours rêvé d'enfourcher une motocyclette BSA de 1940 ou de nager entre deux automitrailleuses, vous adorerez cette épave, sinon, vous pourriez être déçu car la faune ne présente pas d'intérêt particulier.

Les sites sont trop nombreux pour pouvoir tous les décrire, et encore moins les recommander, car chacun d'eux remporte un vif succès. La qualité des plongées est conditionnée par plusieurs facteurs : la chance, d'abord, puis la saison et enfin les connaissances de votre instructeur. Si vous supportez la chaleur, la meilleure époque en mer Rouge est le milieu de l'été, quand les bancs de poissons abondent. Néanmoins, quelle que soit la date de votre séjour, faites l'effort de vous lever de bonne heure, vous en serez grandement récompensé.

oman

Oman semble avoir été dessiné par un cartographe fou : à ma connaissance, c'est le seul pays à avoir deux parties distinctes. La pointe nord est séparée du reste d'Oman par les Émirats arabes unis. Et, fait étonnant pour le Moyen-Orient, cette anomalie n'a pas été décidée par un fonctionnaire anonyme armé d'une règle et d'un crayon dans un bureau du ministère des Affaires Étrangères britannique. La péninsule de Musandam, au nord, est une enclave idéalement placée pour assurer la surveillance des abords du détroit d'Ormuz, vital pour cette région.

Oman est en grande partie un désert aride. Indépendant depuis 1650, le sultanat fut pendant près d'un siècle sous protectorat britannique. Sous la gouvernance du sultan Qabus bin Said al-Said, le pays s'est ouvert au monde extérieur, tout en maintenant de bonnes relations avec tous les pays du Moyen-Orient par le biais d'une politique étrangère modérée mais indépendante.

Fort de plus de deux mille kilomètres de plages quasiment désertes, ce sultanat, qui était il y peu encore totalement dépendant du pétrole, cherche à présent à développer son économie dans d'autres secteurs. Le tourisme y est encore relativement peu développé, ce qui fait le charme de ce pays. La perle du pays se trouve à l'extrémité nord : Zighy Bay.

Quoi de plus extraordinaire que d'arriver à son hôtel en volant ? Incroyable mais pourtant possible à Zighy Bay. Bien attaché à Itsu, le champion local de parapente, on flotte sereinement dans les airs jusqu'à atteindre une baie isolée avec une superbe plage de sable blanc. La façon la plus exceptionnelle de se présenter à la réception d'un hôtel. À ne rater sous aucun prétexte.

zighy bay

hôtel

zighy bay

Au sol, la première impression est austère mais enthousiasmante. La baie est encerclée de montagnes arides. L'entrée de l'hôtel se fait en passant par un petit souk, puis les murs beiges de la réception (ou *sablah*) accueillent les visiteurs. L'endroit a été pensé comme un village traditionnel berbère, en pierre, disposé autour d'une oasis (des palmiers, une piscine et une source qui gargouille). À première vue, rien d'époustouflant. Une voiturette de golf vous emmène jusqu'à votre chambre, le long de chemins sablonneux brûlants.

Si votre budget le permet, je vous conseille vivement de réserver l'une des chambres qui donnent directement sur la plage. Toutes les chambres, néanmoins, ont leur charme et, peut-être plus important, leur piscine – il peut faire vraiment chaud ici. Les sols sont en pierre – idéal pour la fraîcheur– avec quelques tapis de la région. Le décor en arrière-plan est très sobre rehaussé de tâches de couleur. Comme dans tous les établissements Six Senses, une grande attention est portée au moindre détail, à commencer par le désormais célèbre oreiller à choisir dans une sorte de « menu ». Les chambres sont toutes spacieuses ; la plupart ont une grande baignoire, des douches intérieures et extérieures et un jardin privatif avec une terrasse et une petite piscine.

en bref

Aéroport	Dubaï
Compagnies	Emirates, Air France, British Airways, Qatar
Transfert	90 mn en 4 x 4 (possibilité de fair la dernière partie du trajet en parapente ou en hors-bord, mais il faut réserver à l'avance)
Hébergement	79 chambres et 3 villas (toutes climatisées et avec piscine privative)
Staff ratio	2
Activités	parapente, randonnées dans le désert, ski nautique, wakeboard, planche à voile, kneeboard, boué
Services	spa, lecteur DVD et CD, télévision téléphone, salle de gym, service de majordome privé, wi-fi
Enfants	Tous âges, possibilité de garde
Courant	prise à trois fiches
Monnaie	rial omanais, dollar américain
GMT	+2
Site Internet	www.sixsenses.com
Réservations	www.plongee-chic.com

Et ce qui au départ n'avait pas d'attrait spécifique commence à se transfigurer. On finit toujours par s'ouvrir à la philosophie des hôtels Six Senses, où l'on « vit lentement » et où l'on se défait de toutes ses tensions et préoccupations. Personnel toujours souriant, cuisine exquise, spa sensationnel, soleil sans fin, rythme décontracté (personne n'a jamais l'air pressé, et pourtant tout fonctionne comme une horloge), on se fait très vite à ce concept de *slow life*. La large baie en croissant de lune est idéale pour nager. Mais porter des tongs est indispensable car on trouve à l'occasion un peu de goudron, conséquence des pétroliers qui nettoient leurs citernes à grande eau en sortant du Golfe. Soyez rassuré, ce seront à peu près les seules chaussures que vous devrez porter durant votre séjour.

Pour ce qui est de la cuisine, Zighy Bay réalise des prouesses, non seulement en termes de qualité et de variété mais aussi en termes de lieux. Le must est de manger à *The Edge* : trois fois par semaine on peut dîner en haut des falaises majestueuses. Perché littéralement « au bord » (« on the edge »), ce restaurant devrait s'attirer les foudres des contrôleurs de sécurité mais il n'y a pas d'endroit plus étonnant pour dîner.

L'extrême qualité des prestations de cet hôtel et les excellentes plongées à y faire sont l'assurance de vacances fantastiques, même si une semaine sera probablement suffisante.

Ici, c'est certain, vous serez seul pour plonger, ce qui constitue aujourd'hui un privilège rare et surtout un contraste étonnant avec les sites de la mer Rouge. L'équipe de professionnels qui vous accompagnera connaît tous les sites remarquables de la région et saura vous les faire découvrir dans la plus grande tranquillité.

le centre

Il n'y a pas de centre de plongée proprement dit sur place. Un projet de construction a été esquissé dans l'esprit de celui du Soneva Fushi aux Maldives. Il devrait être installé dans la marina privée de l'hôtel, au bout de la baie. Vous pourrez trouver des détails sur l'avancement de ce projet sur www.plongee-chic.com.

En attendant le centre de plongée, une équipe extérieure de plongeurs professionnels se rend tous les jours sur place pour vous emmener découvrir les fonds splendides de la région. Ses membres sont d'une grande gentillesse : rien n'est jamais impossible et vous n'aurez même pas à lever le petit doigt. Un superbe boutre de luxe et un hors-bord confortable et rapide sont mis à la disposition exclusive des plongeurs du Zighy Bay. Un vrai gage d'exception.

Il est rare de croiser en chemin autre chose qu'un bateau de pêche. Un délicieux pique-nique préparé par l'hôtel (à réserver à l'avance) vous accompagnera, mais attention, comme la majorité des sites de plongée sont ensoleillés le matin, un départ tôt dans la journée est nécessaire.

Le rythme est très décontracté et la pause déjeuner se fait assez tôt, habituellement abrité du soleil par les falaises spectaculaires, sans l'ombre d'un autre bateau à des kilomètres à la ronde.

en bref

Bateaux	boutre de luxe de 15 mètres et hors-bord de 8 mètres
Taille du groupe	4
Instructeurs	1
Langues	anglais
Cours	PADI (tous niveaux)
Enfants	12 ans et +

ci-dessus
Les récifs regorgent de crinoïdes, poisseux au toucher ; mieux vaut les laisser tranquille.

La péninsule de Musandam est surnommée « la Norvège arabe » à cause de ses fjords et de ses falaises de calcaire rose qui tombent à pic dans la mer. Il n'y a pas de barrière de corail ici ; à la place, on plonge surtout sous des falaises imposantes qui disparaissent à la verticale dans les profondeurs. C'est une vraie alternative à la mer Rouge, la foule en moins.

la plongée

Toutes les plongées se font le matin car les parois, orientées vers l'est, sont alors baignées de soleil, sur l'eau et dans l'eau. Si l'on vous propose une plongée l'après-midi, vérifiez où on a l'intention de vous emmener, car la lumière directe du soleil sur le récif fait toute la différence. Sous l'eau, vous découvrirez une explosion de vie, avec, en bande-son, le crépitement incessant des poissons mangeurs de corail, un peu comme si vous veniez de plonger dans un bol de céréales craquantes.

Le paysage sous-marin est principalement marqué par un éboulement des falaises en surplomb. L'endroit est aujourd'hui colonisé par des coraux durs comme mous qui, on ne sait comment, arrivent à prospérer dans des eaux atteignant parfois les 32°C ou plus.

La plongée est vraiment fantastique ici grâce à l'incroyable concentration de vie sous-marine. Des balistes par milliers en arrière-plan, d'énormes poissons-perroquets, des nudibranches à perte de vue, des rascasses volantes et au moins cinq espèces différentes de murènes, dont les espèces léopard et à bouche jaune sont les plus exotiques. Certains sites sont plus spécialisés comme Octopus Rock pour les hippocampes ou Ras Sanut et Wonderwall pour les crevettes-mantes.

en bref

Sites	11+
Niveau	facile à modéré
Visibilité	15 mètres
Musts	Limah (nord et sud), Octopus Rock
Snorkelling	bon
Combinaison	3 mm en été, 5 mm en hiver
Coraux	en bon état
Faune	requins-baleines, hippocampes, môles, crevettes-mantes, requins-léopard, raies manta, requins à pointes blanches de récif, requins à pointes noires

i-dessus
e gros nudibranches sont
a preuve de la bonne santé
e ces récifs.

i-dessous
es poissons semblent, ici,
lus gros et en meilleur santé.
st-ce parce que l'homme
st resté à l'écart ?

i-contre
ne murène léopard ;
hippocampe n'a pas de
aupières, il ne faut donc
as le bombarder de flashs.

i-dessous
n nudibranche aux
ouleurs étonnantes.

ci-contre, de gauche à droite, de haut en bas
Ce n'est pas un récif traditionnel, mais plutôt un champ d'éboulis colonisé par la faune marine ; bel homard aux nuances irisées ; les raies pastenague sont courantes ; la vie ne manque pas ni le bruit, avec, en permanence, celui des poissons mangeurs de corail.

en haut
Une crevette-mante colorée et aux pinces puissantes.

au milieu
Une murène à bouche jaune en compagnie d'un labre nettoyeur plutôt confiant.

en bas
Les tortues vertes sont nombreuses dans la zone.

Lima South est une plongée merveilleuse où l'on dérive – plutôt rapidement avec le courant –, le long de champs de coraux mous violets. Avec de la chance, on peut même croiser un requin baleine. En règle générale la visibilité n'est pas extraordinaire, mais c'est ce qui permet l'explosion de vie ainsi que la présence du requin baleine ; on y a même vu des môles, une rencontre plutôt rare.

Ces plongées sont vraiment différentes de celles qu'on peut faire en mer Rouge pour la simple et bonne raison qu'il n'y a personne d'autre dans l'eau à des kilomètres à la ronde – vous êtes seul au monde ici, et c'est indubitablement ce qui rend l'expérience inoubliable.

Alors si vous avez le choix entre une mer Rouge surpeuplée et la péninsule de Musandam – bien que dans la première il y ait une plus grande diversité de récifs –, c'est ici, à Zighy Bay, que vous trouverez un rêve de plongeur : une zone encore ignorée sous un soleil garanti.

tanzanie

La Tanzanie est née de l'union des républiques du Tanganyika et de Zanzibar en 1964. Patrie du Kilimanjaro, plus haut sommet d'Afrique, ce pays de l'Afrique de l'Est est l'un des plus grands sites de migrations d'animaux sauvages, notamment des gnous, des zèbres et des gazelles.

Longtemps connue sous le nom d'île aux Épices, Zanzibar fut jadis capitale d'Oman et l'un des territoires les plus riches d'Afrique. Important marché d'esclaves, elle vit s'installer d'innombrables colons sur son sol. Aujourd'hui encore, son nom est synonyme d'exotisme. La ville de Stone Town vaut le détour et vous devrez, de toute façon, y passer pour accéder à l'une des îles voisines. Le Serena Inn, situé juste sur la plage, est la base idéale pour déambuler dans les rues et dans les marchés de la ville et, si votre chambre donne sur l'océan, vous pourrez contempler le retour des boutres dont la silhouette se détache dans le soleil couchant. Un dîner sur le toit de l'hôtel 236 Hurumzi est incontournable, mais il vaut mieux réserver.

Au nord de Zanzibar, l'île de Pemba abrite une extraordinaire variété de plantes et de fruits tropicaux, ainsi que des plantations de clous de girofle – l'air embaume de leur senteur à la fois douce et épicée. L'hôtel Fundu Lagoon se trouve au bout d'une presqu'île accessible uniquement en bateau privé.

Blotti sur la côte ouest de l'île de Pemba, cet hôtel fut créé en pleine jungle par un couturier britannique dynamique du nom d'Ellis Flyte. En 2001, les promoteurs tombèrent par hasard sur cet endroit sauvage et prirent le risque de confier la conception d'un hôtel à un architecte sud-africain inconnu. Le pari s'est révélé payant : le résultat est véritablement unique.

hôtel fundu lagoon

En à peine un an, ce bout de forêt vierge s'est transformé en un hôtel parfaitement fonctionnel. La construction fut sans nul doute accélérée par l'approche pragmatique des propriétaires qui ont supervisé chaque étape. Aujourd'hui encore, ils consacrent plus de la moitié de l'année à « peaufiner » leur création. Tout, ou presque, a été réalisé avec des matériaux locaux. Dernière amélioration en date, l'ajout d'une superbe piscine à débordement.

Vous jouirez ici de tout le confort nécessaire. Le souci permanent de l'authenticité est l'une des caractéristiques de ce lieu. Tout est décontracté et informel avec, un peu partout, des accents africains : têtes sculptées, masques et autres objets originaux rassemblés par les propriétaires au cours de leurs voyages en Afrique. Des groupes de singes familiers et des galagos (lémuriens nocturnes) ne manqueront pas eux-aussi de vous rappeler dans quel pays vous êtes. N'oubliez pas vos lunettes de soleil dehors pendant la nuit, vous n'êtes pas sûr de les retrouver le lendemain matin !

Un sentier de sable fin et poudreux conduit aux bungalows de la plage, tandis qu'une passerelle sur pilotis mène aux autres, étagés à flanc de colline. Ces derniers jouissent d'une grande intimité, de magnifiques vues et bénéficient d'une certaine fraîcheur car ils sont

en bref

Aéroport	Zanzibar via Dar es Salaam, Nairobi ou Johannesburg
Compagnies	British Airways, Emirates, KLM, South African Airways
Transfert	45 mn en taxi puis 20 mn en bateau
Hébergement	18 chambres, 6 avec piscine
Staff ratio	3+
Activités	canoë, randonnées dans la nature, sorties en forêt, croisière en boutre, pêche, yoga, spa, ski nautique
Enfants	12 ans et +
Courant	prise ronde à trois fiches
Monnaie	shilling tanzanien
GMT	+3
Site Internet	www.fundulagoon.com
Réservations	www.plongee-chic.com

ouverts aux vents dominants – un « plus » certain si les ventilateurs de plafond ne suffisent pas. Ces bungalows sont en réalité de vastes tentes africaines, bien aérées et équipées de moustiquaires, montées sur un plancher en bois et abritées d'un toit de chaume traditionnel en pointe. Le lit est orienté vers le paysage fabuleux et les murs en toile se replient pour découvrir un large ponton de bois au sud.

En dehors de la plongée, diverses activités nautiques vous seront proposées. Les canoës, wakeboards (planches tractées derrière un bateau), et autres skis nautiques suspendus dans la boutique de plongée ne demandent qu'à entrer en action, mais ils sont rarement demandés car il n'y a pas de véritable bateau remorqueur.

Si la détente est à l'ordre du jour, plutôt que la plage qui n'est pas excellente, vous préférerez l'impressionnante piscine à débordement. Vous pourrez également profiter du spa et de ses très bons soins à base d'huiles essentielles parfumées. Les sorties à la journée valent quelques efforts : plongeurs et snorkellers ne regretteront pas la visite dans l'île voisine de Mesali, un sanctuaire marin, où les attendent d'extraordinaires plongées avec masque et tuba et le plaisir incomparable d'une baignade dans de limpides eaux turquoise, le long d'une plage de sable blanc. Vous pouvez aussi prendre un catamaran pour une journée de voile et explorer les magnifiques plages éparpillées autour de Pemba.

Le petit-déjeuner et le dîner sont servis dans le restaurant principal dominant la plage. Le déjeuner – un régal – se prend au bar de la piscine. La cuisine est à base d'ingrédients locaux, notamment le poisson du jour. Le service est attentif, quoiqu'un peu lent, mais personne n'est là pour retrouver le rythme trépidant de la vie urbaine.

La majorité du personnel de l'hôtel Fundu Lagoon a été recrutée dans le petit village local. Ils sont incroyablement amicaux et, où que vous alliez, vous êtes accueilli par un « Jambo » (bonjour en swahili). C'est l'un des rares établissements qui entreprend une véritable action en faveur de la population locale. Les villageois, au début peu convaincus de l'intérêt d'un hôtel, ont vu leurs conditions de vie s'améliorer, notamment grâce à la création d'une nouvelle école financée par l'hôtel.

Fundu Lagoon est un hôtel différent des autres. Simple mais élégant, il dégage un charme, une chaleur et un caractère créant une atmosphère magique qui vous gagne peu à peu. C'est aussi l'un des rares hôtels de plongée à s'investir dans le développement durable.

PLEASE CHANGE BED LINEN

Juste à côté du ponton de l'hôtel, le centre de plongée est au cœur de toutes les activités nautiques du complexe hôtelier. Très vaste, il possède une salle de cours et un bac de rinçage pour les équipements. Que vous souhaitiez faire du snorkelling, de la plongée ou passer une journée sur une plage déserte, il exaucera vos désirs. Les groupes sont peu nombreux et vous serez libre d'évoluer à votre rythme.

le centre

Le centre propose d'excellents équipements, notamment des détendeurs dernier modèle de Scubapro et des gilets de stabilisation Aqua Lung de toutes formes et de toutes tailles, même si les enfants sont moins bien lotis. Vos palmes et votre masque sont rangés dans un sac avec un badge nominatif.

Les bateaux à coque jaune du centre sont robustes et rapides. Ces Rigid Raiders de 6 mètres, propulsés par deux moteurs hors-bord, n'offrent aucune protection contre les intempéries et ne conviennent que pour les petites sorties. Pour les « safaris » d'une journée entière, n'oubliez pas d'emporter une serviette supplémentaire. Ces bateaux peuvent s'avancer jusqu'au rivage, ce qui rend leur accès très facile. Il y a toujours des boissons à bord et un repas complet est servi lors des sorties à la journée. Sur l'île de Mesali, vous déjeunerez à l'ombre d'une paillote et, pendant les sorties nord et sud, votre repas sera servi sur une plage déserte de sable blanc.

Ici, la pratique de la plongée est très personnalisée et fort bien organisée. À la fin de la journée, vous abandonnez votre équipement sur le bateau, avant d'aller prendre une bonne douche chaude. L'équipe transportera votre matériel jusqu'au centre, où il sera nettoyé et séché, prêt pour votre prochaine plongée.

en bref

Bateau	Rigid Raiders de 6 m
Taille du groupe	6
Instructeurs	5
Langues	français, anglais
Cours	PADI (tous niveaux)
Enfants	14 ans et +
Autres	locations d'ordinateurs, repas et boissons, préparation et nettoyage de l'équipement

ci-dessus
De nombreuses espèces de raies fréquentent les eaux de l'île de Mesali, dont cette imposante pastenague à taches noires.

Les coraux, très préservés et d'une incroyable variété, rendent unique cette partie de Zanzibar. Le canal de Pemba, réputé pour être le meilleur site de plongée d'Afrique de l'Est, et plus précisément la zone autour de l'île de Mesali, abrite plus de 350 espèces de coraux, plus du double que dans les autres sites de la région. Et vous serez pratiquement seul pour explorer ces récifs vierges.

la plongée

La visibilité est variable, de 25 à 30 mètres environ, mais pour tirer le meilleur parti de la plongée dans ces eaux, il faut la pratiquer par marée montante. Au moment de réserver votre séjour, vérifiez qu'il vous sera possible d'effectuer quelques sorties dans ces conditions.

Vous pouvez participer à un safari d'une journée au nord ou au sud de Pemba. Si vous choisissez le sud en direction de l'épave, demandez à passer par Emerald Lagoon avec ses eaux turquoise, ses bancs de sable et ses boutres. Toutefois, la plupart des plongées ont lieu autour de Mesali, une île de sable blanc que l'on rallie après une brève traversée en bateau depuis l'hôtel ; tous les sites se trouvent à 5 minutes au maximum de la base. L'entrée dans l'eau se fait par saut arrière et les groupes de plongeurs prennent le temps de se rassembler à la surface avant de descendre.

Apartment est un bon site pour débuter. Il est facile et « confortable », centré autour de *bommies* de coraux de 12 mètres, le sommet ne se trouvant qu'à 6 mètres de la surface. La faune marine abonde, avec d'innombrables murènes, notamment des murènes vertes géantes et des murènes perlées, plus rares. Vous rencontrerez également leur semblable aux joues noires, la murène masquée, le membre le plus agressif de cette famille.

ci-contre
Ce banc de poissons-cochers offre un contraste spectaculaire avec les eaux bleues et limpides.

en bref

Sites	12
Niveau	facile à confirmé
Visibilité	+ de 25 m
Must	Mapanduzi
Snorkelling	excellent depuis le bateau
Combinaison	3 mm
Coraux	superbes
Faune	coffres à cornes, murènes vertes géantes et murènes perlées, requins marteaux, raies mobula, raies-aigles, raies-torpilles, napoléons, bancs de barracudas, bancs de poissons-licornes, mérous géants, perroquets à bosse, porcelaines
Autres	plongées nocturnes, plongées sur épaves

à droite

Un banc de barracudas se nourrit dans les courants puissants de Mapanduzi.

ci-dessus

Des poissons de toutes sortes ont trouvé une cachette idéale dans les immenses champs de coraux choux-fleurs.

Coral Gardens est un site sans difficulté, idéal pour fureter sous les écueils et explorer les coins et recoins où se cachent des raies en grand nombre, mais prenez garde aux raies torpilles, capables de vous délivrer une terrible décharge. Il y a également des poissons-lions, des nudibranches, des poulpes et les divers poissons tropicaux habituels. Il vous faudra une bonne flottabilité car vous ne pourrez vous accrocher aux rochers qui grouillent de magnifiques oursins avec leurs motifs bleus et leurs taches symétriques.

Si vous pouvez plonger à marée montante, faites-le à Mapanduzi. Cette paroi rocheuse commence en pente douce, puis se poursuit par un tombant abrupt jusqu'à plus de 30 mètres, avant de disparaître dans les abysses (à plus de 300 mètres). Les forts courants animant ce site attirent notamment requins-marteaux, barracudas géants, raies aigles et napoléons.

L'île de Pemba est un territoire encore méconnu et a beaucoup à offrir : une vie marine très diversifiée, des hectares de coraux, un environnement intact et un centre de plongée très bien organisé. Il est grand temps de la découvrir.

ci-contre, de gauche à droite, de haut en bas

Le holacanthe-duc, l'un des plus beaux habitants du récif, ne s'éloigne jamais très loin de son repaire ; les récifs abritent des vers plats, dont les motifs sont d'une diversité étonnante ; les couleurs extraordinaires de la face interne des anémones ne sont révélées que par la lumière artificielle ; un ver plat, preuve vivante de l'ingéniosité de la nature.

ci-dessous

Danger, haute tension : la raie torpille délivre une décharge électrique pour immobiliser sa proie. Elle réserve le même traitement aux plongeurs qui seraient tentés de la toucher.

mozambique

L'histoire du Mozambique est mouvementée. Situé sur la côte sud-est de l'Afrique, à un carrefour entre le Moyen-Orient et l'Inde, il fut autrefois un port important pour le commerce de l'or, de l'ivoire et des esclaves. Mais son destin prit un tour tragique, quand cette ancienne colonie portugaise obtint son indépendance en 1975. C'était à l'époque l'un des pays les plus pauvres du monde : la mauvaise gestion du régime socialiste alors au pouvoir, conjuguée à une guerre civile de quinze ans, le plongèrent dans une situation catastrophique, jusqu'à ce que la paix soit conclue en 1992.

Conséquence de cette histoire chaotique, le Mozambique est un pays encore relativement préservé où le tourisme est pratiquement inconnu. Il possède pourtant de nombreux attraits : une côte sublime et encore vierge, une extraordinaire architecture coloniale et une population très amicale.

Dans le domaine hôtelier, les investissements étrangers sont en plein essor, mais ils sont rarement de qualité. Un établissement pionnier, le Marlin Lodge, rejoint par le fantastique Vamizi, font exception. Toutes deux sont proches de la côte mozambicaine. Distantes l'une de l'autre de 1 500 kilomètres, elles sont très différentes l'une de l'autre, mais ont en commun d'être si préservées que l'océan semble vraiment vous appartenir.

Soyons francs : le site Internet et la brochure de l'hôtel peut nous faire croire à un cinq étoiles. La réalité est quelque peu différente. Mais la déception s'arrête là. Ce lieu de séjour est en fait d'un grand confort et en même temps d'une belle simplicité, avec ses huttes recouvertes de toits en feuilles de palmier installées sur une plage superbement isolée, un peu à la Robinson Crusoé.

vamizi

hôtel vamizi

Pour s'y rendre, il n'y a que deux options : passer par Dar-es-Salam, où la plupart du temps il faut rester la nuit, l'occasion idéale d'obtenir le visa de transit obligatoire et d'éviter la bousculade à l'arrivée (et ainsi en profiter pour dormir à Oyster Bay, véritable oasis), ou bien par Pemba au sud, mais attention l'atterrissage se fait à Mocimboa da Praia, un aéroport dévasté par des années de guerre. Quinze minutes plus tard, on atterrit sur l'île et après trente minutes de trajet, du genre safari en Land Rover, on arrive finalement à l'hôtel.

Vamizi est un endroit simple, très simple. On a le sentiment de se retrouver dans un écolodge. Ici, pas de piscine, de room-service, de téléphone, de spa, de télévision. Il n'y a qu'une superbe bande du sable le plus fin et le plus blanc, des eaux turquoise parsemées de petits îlots de corail, et le long de la plage, deux structures ouvertes avec un toit en feuilles de palmier : le restaurant et le bar. Une dizaine de chambres seulement se déploient comme des ailes à partir de là, toutes légèrement en retrait mais donnant directement sur la plage et assez éloignées les unes des autres. Pour s'isoler complètement, on peut demander à avoir la chambre 1, mais il faudra accepter en contrepartie une bonne marche dans le sable pour aller dîner, à la lumière de la lune ou de la lampe « à secousse » fournie par l'hôtel, même si l'on ne peut pas vraiment qualifier cela de contraignant.

en bref

Aéroport	Dar es Salaam ou via Pemba
Compagnies	Air France, KLM, British Airways, Qatar Airways, Swiss
Transfert	2 h, 20 mn de vol depuis Dar es Salaam, 1 h depuis Pemba, puis 25 mn de 4x4
Hébergement	13 chambres
Staff ratio	7
Activités	Snorkelling avec guide, pêche, observation de la ponte des tortues, excursions en boutre, kayak
Services	wi-fi au bar
Enfants	tous âges
Courant	prise ronde à trois fiches
Monnaie	metical, dollar américain
GMT	+2
Site Internet	www.vamizi.com
Réservations	www.plongee-chic.com

Les chambres spacieuses sont hautes de plafond, ouvertes sur l'océan, bien qu'il y ait quantité de stores en fibres naturelles permettant, si on le souhaite, d'avoir un peu d'intimité tout en laissant entrer la lumière, changeante avec le vent. L'immense lit domine la pièce ; niché sous une fine moustiquaire, il donne l'impression d'être une chambre dans la chambre. Dans la salle de bains, le marbre est l'élément dominant, avec des vasques taillées dans un bloc aux couleurs contrastées, un coin bureau et un grand nombre de placards. Une vaste véranda partiellement couverte, équipée de transats, de canapés et d'un minibar complète le tout.

Cet hôtel prône un luxe simple. On ne s'y fait pas dorloter comme dans une chaîne d'hôtels haut de gamme. C'est simplement un séjour au cœur d'une nature préservée, mais dans des chambres chics et extrêmement confortables à côté d'une plage fantastique. Une paix absolue, sans rien pour vous déranger mis à part quelques oiseaux et singes. Les activités se limitent au déjeuner et au dîner, servis soit au restaurant avec vue sur la mer, soit au nouveau bar de plage situé sur la côte sud de l'île (qui est très petite). La nourriture est simple, fraîche et délicieuse et le chef très attentionné. Il va sans dire que les poissons locaux figurent en bonne place sur le menu. Des sashimis et sushis font également partie de la carte.

Le bar, subtilement décoré d'objets d'art locaux, donne l'impression de se trouver dans une demeure coloniale avec ses fauteuils en osier, ses banquettes généreuses et ses petits coins cosy. À la bonne saison, il est très fréquent d'être interrompu dans son apéritif par l'arrivée d'un panier en rotin contenant des bébés tortues. On est alors invité à aller les relâcher sur la plage, au bord de l'eau. Guidées par la lune, elles s'en vont avec une force étonnante vers leur destin – mais avant de verser dans le sentimentalisme, sachez que moins d'une pour mille atteindra l'âge adulte.

Dire que c'est un hôtel spécialisé uniquement dans la plongée serait inexact. Il y a d'autres activités, mais elles restent limitées : un pique-nique sur une plage isolée, une excursion en boutre, un peu de pêche en haute mer et de kayak. On vient ici soit pour se reposer – pourquoi pas après un safari –, et on se laisse alors bercer par le bruissement de la mer toute proche et les piaillements affairés des tisserins ; ou bien on vient ici pour plonger, et dans ce cas cet hôtel vaut, en soi, le déplacement.

Le centre de plongée est à l'image de l'hôtel, simple mais organisé à la perfection. Situé non loin de la salle de restaurant, dans l'ombre des buissons, c'est là que toutes les instructions sont données. Le matériel est en parfait état. Il est recommandé, en revanche, d'apporter avec soi son propre masque. Je n'en ai trouvé aucun où l'on pouvait voir correctement avec le matériel fourni.

le centre

Les bateaux sont de simples zodiacs non couverts, ce qui ne pose pas de problème pour les sites de plongée les plus proches, mais peut devenir plus embêtant pour ceux qu'il faut aller chercher plus loin. Un bateau de 9 mètres flambant neuf, où l'on peut s'abriter du soleil et être assis plus confortablement, rend possible des plongées dans des sites plus distants.

Les plongées se font à 10h et 15h, si elles sont dans à proximité, ou à 9h si elles sont plus éloignées, comme celle de Neptune's Arm. L'école de plongée est à dix mètres de l'hôtel. Le temps d'arriver pour le briefing, vous trouverez tout le matériel déjà embarqué. Comme la plupart des hôtels pointilleux sur les questions de sécurité (ce qui est essentiel ici, vu l'isolement du lieu), le moniteur insistera pour que chaque plongeur fasse un exercice afin de confirmer le niveau de ses connaissances ; la démarche est compréhensible si vous voulez avoir l'autorisation de plonger à Neptune's Arm. Attention, le nouveau bateau possède une échelle pour monter à bord mais sur les zodiacs, préparez-vous mentalement à un retour à bord très disgracieux.

À l'image de l'hôtel, les prestations du centre de plongée ne sont pas très élaborées mais tout fonctionne bien ; l'équipe locale s'occupe de tout, dans les règles de l'art.

en bref

Bateaux	9 m et des zodiacs de 6 m et 7,50 m
Taille du groupe	4 à 6
Instructeurs	1
Langues	anglais, français, espagnol, italien
Cours	PADI (tous niveaux)
Enfants	12 ans et +
Autres	location d'ordinateur, préparation et lavage du matériel, plongées de nuit

À 40 minutes de bateau de Vamizi, se trouve une île engloutie dont la surface n'est qu'à huit mètres sous l'eau. Balayé par les courants, le site de Neptune's Arm, « le bras de Neptune », ne conviendra pas aux plongeurs novices ou facilement intimidés. Il vous faudra le feu vert du moniteur, donc un niveau avancé, pour y plonger.

ci-dessus
Une rascasse volante.

la plongée

Lâché dans la mer bleue, on est obligé de faire une entrée négative afin d'aller vite se réfugier contre la paroi rocheuse ; si on se laisse distraire par les surprenants champs de coraux, tout est à refaire. Une fois sous la protection du tombant, qui est en fait la fin de Fraggle Rock (un site de plongée de renommée internationale), il suffit de tourner au coin pour se retrouver, avec une bonne visibilité, devant un spectacle stupéfiant. S'élevant à la verticale depuis les abysses, toute une série de pics imposants grouillent littéralement de poissons. Une cascade incessante de bec-de-cane à long museau et de vivaneaux se déverse des pics, par milliers, pendant qu'une trentaine de requins gris de récif patrouillent. D'énormes mérous-patates, qui pèsent jusqu'à 135 kilos, glissent à travers les couloirs. En arrière-plan le spectacle continue avec des coraux en parfait état, des bancs de poissons-chauve-souris, de carangues à grosse tête et une myriade d'anthias. Les dernières minutes de la plongée sont passées à contempler un champ de coraux de surface d'une qualité exceptionnelle, parsemé de vers plats et de nudibranches colorés.

La visibilité peut être très bonne (plus de 30 mètres). Cela peut devenir la plongée de votre vie, surtout lorsque vous vous rendez compte que vous êtes seul à des kilomètres à la ronde, ce qui est un vrai privilège.

en haut, à gauche
Un banc de zancles cornus à Fraggle Rock.

en haut, à droite
D'énormes mérous patrouillent dans les canyons

image principale
Les superbes coraux, durs et mous, abritent leur inévitable cortège d'anthias

en bref

Sites	12
Niveau	facile à avancé
Visibilité	entre 20 et 45 mètres
Musts	Neptune's Arm, Fraggle Rock
Snorkelling	avec un guide, 12 sites à voir
Combinaison	3 mm en été, 5 mm en hiver
Coraux	durs et mous en excellent état
Faune	baleines à bosse, barracudas, carangues à grosse tête, mérous-patates, requins gris de récif, requins-marteaux, poissons-perroquets
Autres	caisson hyperbare à Zanzibar

ci-dessus et ci-dessous

Les vers plats et autres nudibranches, très courants, s visibles dans tous les coloris – mine d'idées pour les couturie

page de gauche, en hau

Les vivaneaux se déversent en cascade de pic en pic

page de gauche, en bas

Un banc de vingt à trente requ gris de récif ont élu domicile d les parages.

ci-contre, de haut en bas

Caché dans cette tête de corail immaculée, on distingue la nageoire dorsale ondulée caractéristique du poisson scorpion feuille ; un banc de barracudas ; l'intérieur des bénitiers montrent toujours des couleurs et des motifs surprenants.

ci-dessous

S'il est tentant d'empocher les belles porcelaines léopard et tigre, c'est rigoureusement interdit.

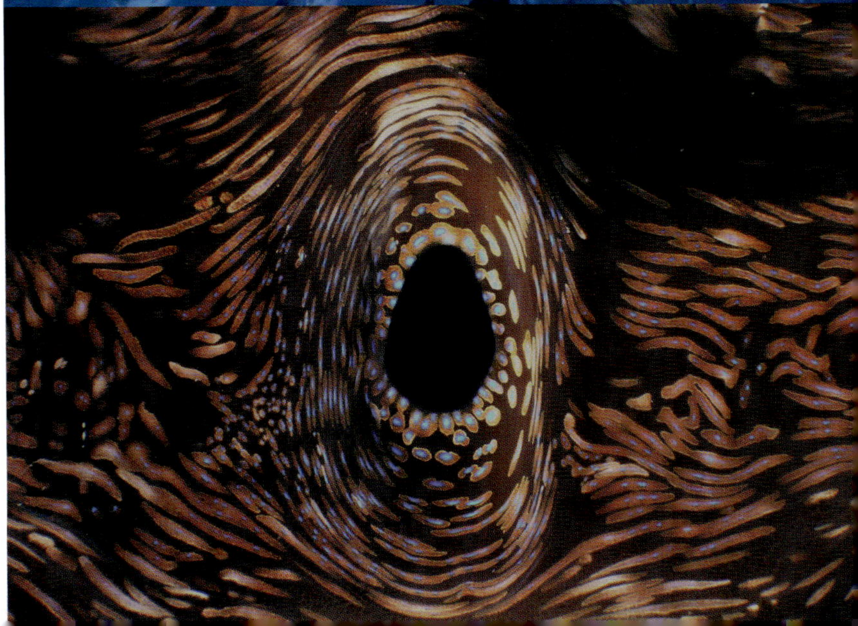

Neptune's Arm mis à part, l'autre plongée à faire absolument est Fraggle Rock, un site balayé par les courants qui offre un spectacle hallucinant de bancs de zancles cornus, appelés aussi « idoles maures », qui finissent par vous emporter à nouveau vers Neptune's Arm. Avec un peu de chance, vous pourrez peut-être tomber sur un couple de requins-marteaux.

Les plongées sont ici d'une incroyable diversité, du long récif local à parcourir dans des eaux paisibles et limpides à Neptune's Arm, le site qui fait le plus monter l'adrénaline. Si vous aviez besoin de motivation pour passer votre niveau avancé de PADI, le trésor que représente cet endroit devrait être suffisant.

Il existe également des sites plus proches de l'île, comme Skunk Alley ou Cave Wall, dans lesquels vous pourrez faire des plongées très tranquilles, et admirer des coraux d'excellente qualité, des tortues, des bancs de barracuda, des nudibranches et tous les poissons habituels. La variété incroyable de la faune marine dans ces zones vous réservera certainement d'autres surprises.

Il n'y a que trois hôtels sur les trente kilomètres carrés de l'île de Benguerra. Le meilleur, sur la côte ouest, est le Marlin Lodge. Construit en 1995, c'était à l'origine la cabane de pêcheur d'un riche Sud-Africain qui avait été attiré par les possibilités exceptionnelles de pêche au gros au large de l'île. Quand les pêcheurs découvrent un site, souvent les plongeurs suivent. Ainsi, une humble cabane s'est-elle métamorphosée en un véritable boutique hôtel.

île de benguerra

hôtel

marlin lodge

Créer un hôtel dans un endroit aussi reculé relève de l'exploit. Le créer deux fois confine à l'impossible. Pourtant, quand en 2007, un cyclone a dévasté le domaine, les propriétaires n'ont pas eu d'autres choix que de s'atteler à ce nouveau défi. Pour notre plus grande satisfaction.

Benguerra n'est pas une île privée et, contrairement à ces endroits « aseptisés » et cernés de clôtures, Marlin Lodge est parfaitement intégré dans la vie locale. Les pêcheurs viennent y vendre leurs prises, les autochtones déambulent sur la plage un ballot sur la tête, et au loin se dresse la silhouette romantique des boutres traditionnels.

Les 17 bungalows sur pilotis sont alignés sur une dune surplombant la plage. Tous dominent l'océan et d'élégantes passerelles en bois les relient aux parties communes, au milieu de la magnifique faune et flore locale. Les murs sont en roseaux, les parquets en bois massif et les toits en chaume. Les intérieurs simples sont meublés avec charme – lit à baldaquin, literie raffinée et lampes élégantes. Le lit avec moustiquaire est placé pour offrir la meilleure vue possible sur le ponton ombragé et l'océan au-delà.

en bref

Aéroport	Vilanculos via Johannesburg
Compagnies	Air France, South African Airways jusqu'à Johannesburg, puis Pelican Air jusqu'à Vilanculos
Transfert	7 mn en bus puis 25 mn en bateau
Hébergement	17 bungalows
Staff ratio	3+
Activités	piscine, pêche, visite de villages, pique-nique dans l'île, marches, croisière au coucher du soleil, sports nautiques variés
Services	soins de beauté au spa
Enfants	14 ans et +
Courant	prise ronde à trois fiches
Monnaie	metical (dollar américain et euros acceptés)
GMT	+2
Site Internet	www.marlinlodge.co.za
Réservations	www.plongee-chic.com

18+19 →

Do Not
DISTURB

On aurait pu dégager davantage la vue, en supprimant par exemple quelques arbres et buissons, mais tout est conçu pour que les bâtiments s'intègrent parfaitement dans leur environnement naturel et assurent une intimité totale. Cependant, pour ceux qui veulent du calme, il faut savoir que les bungalows 1 et 2 sont un peu trop près de la réception.

La réception, le bar et le restaurant sont installés dans des structures communicantes au toit de chaume à fortes pentes. Elles combinent des éléments décoratifs occidentaux modernes et mozambicains traditionnels. L'aménagement est sobre avec des parquets en bois ciré, des balustrades en bois couleur miel, un bar en bambou et des sofas profonds pour se prélasser et profiter de la vue sur la mer. Le restaurant, sur une terrasse ombragée, se déplace de temps à autre sur la plage, meubles compris, pour un barbecue autour d'un grand feu de bois. Sans surprise, le menu fait la part belle au poisson mais la carte propose également des spécialités de viande.

Le spa, sur la plage, est spécialisé dans les soins de beauté, mais étant donné son merveilleux emplacement, on aimerait qu'il propose davantage de massages. Les « risque-tout » peuvent profiter des possibilités de pêche extraordinaires, du catamaran et des divers sports nautiques, mais certains préféreront sans doute une croisière au coucher du soleil. Pansy Island, au nord de Benguerra, porte le nom anglais d'une sorte d'oursin (*pansy shell* ou dollar des sables) qui vit enterré dans le sable. Cette île est l'endroit idéal pour déjeuner ou faire une pause entre deux plongées. En chemin, vous observerez peut-être un vol de flamants roses ou, si la chance vous sourit, quelques baleines à bosse ou quelques dauphins.

Marlin Lodge symbolise d'une certaine manière une victoire pour un pays qui, il y a quelques années à peine, était ravagé par une guerre civile. Dans l'état actuel des choses, cet hôtel constitue le moyen le plus confortable et le plus raffiné de profiter du magnifique et lointain archipel de Bazaruto.

Le centre de plongée, adjacent au bar, est installé dans un bâtiment au toit de chaume et offre un équipement très varié et un savoir faire impressionnant. Un instructeur peut faire toute la différence lors d'un séjour de plongée, et Paul, plongeur vétéran de l'archipel, est un enseignant hors pair.

le centre

Il n'y a qu'un instructeur et les groupes peuvent compter jusqu'à 8 plongeurs. Toutefois, ils ne comprennent le plus souvent que 3 ou 4 personnes car la majorité des clients viennent ici pour la pêche au gros, réputée pour être la meilleure de l'océan Indien oriental.

À l'instar de presque tous les centres présentés dans cet ouvrage, le club prendra soin de votre équipement. Il vous faudra parfois marcher un peu pour rallier le bateau à marée basse, mais peut-on parler d'épreuve quand il s'agit de fouler un sable blanc moelleux en ne portant que sa serviette et, au pire, son ordinateur de plongée !

Le club possède une belle flotte, notamment une embarcation ouverte très rapide et une flottille de catamarans modernes avec pare-soleil. Vous avez ainsi le choix entre la vitesse, idéale pour rejoindre les sites proches, ou le confort, indispensable pour les sorties en mer d'une journée ou plus.

Au Marlin Lodge, les snorkellers peuvent se joindre à de nombreuses sorties. Les plongeurs s'aventurent au-delà de Two-Mile Reef, tandis que les snorkellers restent en deçà de ce récif. Tous se retrouvent sur Pansy Island, un énorme banc de sable entouré d'eaux turquoise dont les paisibles criques sont idéales pour un intervalle de surface.

en bref

Bateau	7 et 8 m
Taille du groupe	8
Instructeurs	1
Langues	anglais
Cours	PADI (tous niveaux)
Enfants	14 ans et +
Autres	repas et boissons, préparation et nettoyage de l'équipement, piscine pour l'entraînement

L'archipel de Bazaruto est le paradis des plongeurs. Il est protégé par son statut de parc national. La pêche à grande échelle est proscrite dans la région. Seule la pêche sportive est autorisée en dehors des limites du parc. La santé des récifs est florissante, en particulier celle des coraux mous. La faune marine y est très variée et peu farouche.

ci-dessus
On rencontre une grande variété de poissons-coffres, ravissants avec leurs couleurs vives, mais très solitaires.

la plongée

Two-Mile Reef, le principal site de plongée proche de Marlin Lodge, se trouve à mi-chemin des deux îles principales de Bazaruto et de Benguerra. Ce site abrité convient parfaitement au snorkelling. Le côté océan permet des plongées fantastiques. Le fond océanique est peu profond, 20 mètres au maximum, aussi pourra-t-on préférer une plongée longue distance. Grâce à la longueur du récif et à l'expertise de Paul, vous trouverez toujours un site qui vous conviendra.

Même avec une visibilité moyenne de 15 mètres, le spectacle est impressionnant. Le fond marin en pente douce se caractérise par des centaines de grottes et de ravines, certaines dissimulant des requins nourrices de 3,50 mètres, ainsi que des requins à pointes blanches. La marée montante apporte souvent des eaux claires où grouillent d'énormes bancs de barracudas, de carangues, quelques thazards et une procession interminable de poissons tropicaux, dans un décor de récif de corail mou rappelant un étal de fleurs.

Les murènes-léopards, les plus passives des murènes, sont très nombreuses ; certaines, d'une taille gigantesque, semblent connaître Paul et acceptent sa caresse. Il y a également des bancs de chirurgiens à éperons orange qui traînent autour des têtes

ci-contre
La splendide raie à points bleus est une résidente permanente des eaux de Benguerra.

en bref

Sites	12
Niveau	facile à confirmé
Visibilité	15 m
Musts	Cabo San Sebastian, Two-Mile Reef
Snorkelling	très bon depuis le bateau
Combinaison	3 mm (5 mm de mai à août)
Coraux	bon état, particulièrement les mous
Faune	requins-baleines, raies mantas, murènes voie lactée, murènes-léopards, tortues à écailles, tortues vertes, tortues caret, grands requins nourrices, thazards, barracudas, mérous géants, requins-marteaux, porcelaines, bancs de chirurgiens, bancs de poissons cochers
Autres	parc marin, plongées nocturnes, caisson hyperbare à Durban (2 h)

à gauche
Il est de plus en plus difficile de trouver de grands cauris vivants, mais de magnifiques porcelaines abondent au Mozambique. Leur manteau noir contraste avec leur coquille blanche.

ci-dessus
Membre de la famille des nudibranches, l'étrange et magnifique pomme de mer ressemble à un chapeau de cardinal.

ci-dessus
L'inoffensive murène-léopard se rencontre couramment dans ces eaux.

de corail, divers nudibranches, l'étonnante pomme de mer, le poisson-crocodile, des porcelaines, des poissons-lions, des essaims de *glass-fishes*, de poissons-coffres, de poissons porc-épic à taches blanches, des raies pastenagues à points bleus, des murènes voie lactée, des tortues à écailles, des tortues vertes, des tortues caret, des tapis d'anémones et leurs poissons-clowns... la liste est loin d'être exhaustive. L'été, entre novembre et mars, vous aurez de grandes chances de rencontrer l'insaisissable requin-baleine qui arrive en nombre tout comme la raie mobula ou la raie manta.

Les plongeurs plus expérimentés peuvent rallier Cabo San Sebastian – à plus d'une heure du Marlin Lodge – un paradis pour pêcheurs qui commence à 30 mètres de fond. Ce site n'est accessible qu'à l'aide d'un GPS. Il n'y a pas de bord récifal distinct ici, le paysage ressemble davantage à une plaine en pente douce balayée par le courant et partiellement boisée d'arbres coralliens verts. Par endroits, la plaine est interrompue par des ravins étroits où se dissimulent toutes sortes de créatures qui, peu à peu, finissent par montrer le bout de leur nez : poissons-lions, mérous-patates, requins gris de récif, requins-marteaux ou tortues.

Vous pourrez aussi pêcher à la traille sous la direction de Jonathan, un professionnel dont chaque geste semble réglé comme pour un ballet. En un rien de temps, vous aurez attrapé un thon à nageoire jaune qui finira sa carrière en sashimis au bar, le soir même !

ci-dessous
La faune marine est particulièrement abondante dans l'archipel de Bazaruto.

ci-dessus
Les poissons-cochers sont rarement solitaires. Ils nagent par couple ou en banc.

ci-dessous
Ces petits coraux mous, qui recouvrent littéralement le récif, évoquent l'étal d'un fleuriste.

ci-contre
Des bancs de paisibles nasons à éperons orange peuplent les affleurements de corail.

ci-dessous
Le regard reptilien et l'attitude « zen » du poisson-crocodile en font un digne émule de son homonyme terrestre.

seychelles

À 1 300 kilomètres des côtes de l'Afrique de l'Est, perdues au milieu de nulle part, les Seychelles, d'une beauté stupéfiante, sont les îles les mieux préservées du monde. Elles présentent une combinaison rare de paysages splendides, d'hôtels élégants et de cuisine délicieuse. Ajoutez des sites de plongée grandioses et vous obtenez un cocktail irrésistible. Même les brochures de voyages les plus alléchantes ne peuvent rendre justice à cet archipel du bout du monde.

Le gouvernement de cette république politiquement stable a pris conscience de son extraordinaire potentiel touristique, mais aussi de sa fragilité : le tourisme est sa principale activité et sa survie en dépend. La beauté de ces îles, si vulnérables, en est l'attraction majeure et les autorités exercent un contrôle strict sur la construction de nouveaux hôtels. Près de cinquante pour cent des terres ont été classées en réserves naturelles ou en parcs nationaux. Les zones sous-marines font l'objet des mêmes attentions. Grâce à cette vision à long terme, le pays continue à attirer les visiteurs tout en refusant le développement incontrôlable du tourisme.

L'archipel des Seychelles comprend 115 îles et îlots éparpillés sur un domaine marin de 400 000 km². Vous atterrirez sur l'île principale, Mahé, entourée d'un collier d'îlots prodigieux parmi lesquels Frégate, proprement extraordinaire.

L'île Frégate est un grain minuscule en bordure de l'archipel des Seychelles. Ce petit bijou de 3 km² abrite un boutique- hôtel magnifiquement intégré à l'environnement, où l'homme vit en harmonie avec la nature. Les tortues pondent leurs œufs sur ses plages et les shamas des Seychelles, espèce menacée, partagent votre petit-déjeuner. Vous pourrez même sympathiser avec des tortues géantes.

frégate

hôtel

frégate island private

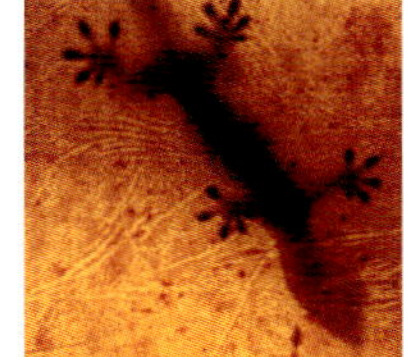

Les 16 villas d'inspiration balinaise du Frégate Island Private sont perchées sur des petites falaises granitiques dominant la mer et les plages d'un blanc immaculé. Chacune possède sa propre piscine, avec jacuzzi. Les villas sont ouvertes, donnant l'impression d'être sur le pont d'un grand bateau. Libre à vous de profiter de la climatisation silencieuse, mais rien ne vaut la fraîcheur de la douce brise tropicale, pour s'endormir au bruit des vagues.

Il n'y a pas d'accès direct aux plages, mais vous pouvez marcher ou emprunter une voiturette de golf pour rejoindre l'une des 7 plages de l'île (*anse* en créole). Sur la plage principale, on trouve un bar, des parasols, des transats et un service efficace. Si vous voulez faire du nudisme, prenez alors la direction de l'*anse* Maquereau. Vous tomberez sur deux panneaux en bois : « Plage occupée » et « Plage libre ». Suspendez le premier et la plage sera à vous pour la journée. Toutefois, la plus belle plage est l'*anse* Victorin : magnifique bande de poudre blanche bordée de palmiers et flanquée de promontoires granitiques massifs, elle incarne toute la beauté des Seychelles.

Les repas sont servis où cela vous chante : dans votre villa, à la plage, au restaurant, ou au bar des Pirates creusé dans une falaise. Les fruits et légumes proviennent de la ferme biologique. Le dîner est parfois

en bref

Aéroport	Mahé
Compagnies	Air Seychelles, Emirates
Transfert	20 mn en hélicoptère ou petit avion
Hébergement	16 chambres (toutes climatisées)
Staff ratio	7+
Activités	voile, randonnées écologiques, bicyclette, golf sur l'île de Praslin, pêche au gros, canoë, piscines, tennis, spa, gymnase
Services	Internet, téléphone, télévision, lecteur de CD et de DVD
Enfants	tous âges
Courant	prise à trois broches
Monnaie	roupie seychelloise (toutes les factures de l'hôtel doivent être réglées par carte de crédit)
GMT	+4
Site Internet	www.fregate.com
Réservations	www.plongee-chic.com

servi dans l'ancienne maison de la plantation près de la marina, agréable changement de décor. Où que vous preniez vos repas, le style décontracté est de mise. On n'a jamais vu un smoking ici.

Quand vous serez las de votre villa ou de la plage, vous n'aurez que l'embarras du choix : grimper au sommet du mont Signal ou aller visiter le centre de reproduction pour les tortues géantes. À la petite marina, vous trouverez de tout : canoës, planches à voile et bateaux. Si ces activités vous semblent trop « agitées », pourquoi ne pas profiter de l'exceptionnel Rock spa, perché au sommet d'une colline, au milieu de bassins de nénuphars, qui propose une grande variété de soins thérapeutiques, notamment un traitement à base des célèbres cocos de mer, que l'on ne trouve que dans la vallée de Mai sur l'île voisine de Praslin. Un massage réflexologique en plein air à l'heure du soleil couchant, en contemplant la ronde des sternes jusqu'à l'arrivée d'un agréable assoupissement… est-il possible de finir la journée de manière plus relaxante ?

Vous aurez presque l'impression de posséder votre île privée, mais sans les soucis du propriétaire. Le séjour à l'hôtel doit durer au minimum 3 jours, mais si vous en avez la possibilité, une semaine est de loin préférable.

all day dining menu
all day dining menu

PORT VICTORI

Frégate est l'une des rares îles aux Seychelles à posséder sa marina. Cette information est importante étant donné les vagues qui déferlent sur cet archipel très exposé. Le bateau de plongée ne se trouve qu'à quelques pas de l'impeccable centre, qui n'acceptera pas plus de deux plongeurs en même temps si vous le demandez. Vous serez donc le plus souvent seul sur les sites.

le centre

Les bateaux possèdent un compartiment étanche pour les serviettes et les appareils photo. Le bateau de plongée de 8 mètres est parfait par mer calme. Le coque en V de 13 mètres, le *Frégate Bird*, à la plate-forme stable et confortable est utilisé sur une mer plus agitée. Le briefing, décontracté mais complet, se déroule à terre mais votre équipement vous attend à bord.

Le matériel du centre de plongée est remplacé tous les deux ans. Normalement, vous n'aurez pas besoin d'un ordinateur car la plongée s'effectue ici en eaux peu profondes et les bouteilles ne contiennent que 10 litres. Cependant, il vous sera nécessaire si vous envisagez de faire l'une des rares plongées en eaux plus profondes.

Les membres de l'équipe ont découvert la plupart des sites et figurent parmi les plus expérimentés des Seychelles. Si presque toutes les plongées ont lieu dans la zone voisine du centre, vous pouvez aussi participer à des sorties à la journée vers les îles de Praslin, La Digue ou Mahé.

Dans l'ensemble, la plongée est facile, confortable et personnalisée. Si vous êtes débutant ou trop nerveux, les cours particuliers vous conviendront parfaitement.

en bref

Bateau	8 m et 13 m
Taille du groupe	2
Instructeurs	2
Langues	anglais
Cours	PADI (tous niveaux)
Enfants	10 ans et +
Autres	boissons et repas, préparation et nettoyage de l'équipement

Avant le phénomène climatique El Niño en 1998, les Seychelles possédaient un système récifal en parfaite santé. Les récifs ont terriblement souffert, mais la vie subaquatique est toujours grouillante et diversifiée. Frégate possède sans doute les plus beaux sites de plongée des Seychelles, avec d'extraordinaires paysages sous-marins et des espèces rares.

ci-dessus
Ces blocs rocheux de granit créent un paysage spectaculaire aux innombrables crevasses, dont l'exploration est fascinante.

la plongée

ci-dessus
Le poisson-empereur est encore plus beau petit qu'à l'âge adulte.

à droite
Deux jeunes murènes grises.

Il y a 9 sites dans les environs immédiats de Frégate, tous à moins de 15 minutes du centre. Ici, vous êtes presque certain de voir ce que vous espériez, comme s'il s'agissait de plongées à la demande.

Le meilleur exemple est Stingray Point. Ne vous laissez pas impressionner par l'apparence désertique des fonds. Ce site abrite la rare rascasse marcheuse et l'extraordinaire raie-guitare : regard redoutable, nageoires et forme menaçante de requin... mais il s'agit en réalité d'une raie en habit de requin, à l'apparence inquiétante, mais totalement inoffensive, qui se nourrit de coquillages et autres créatures enfouies dans le sable. Vous avez également de bonnes chances de rencontrer l'angelot, un membre plus rare de la même famille, ainsi que la raie manta et une créature plus petite comme le crabe porcelaine qui ne vit que dans les anémones.

Le fond de mer prend le plus souvent l'aspect d'un tapis de sable en pente douce, interrompu de temps à autre par un pinacle grouillant de vie. Vous rencontrerez une bande de murènes-léopards aux formes géométriques, des murènes à points jaunes, des poissons-chats et des *glass fishes*. Et, tandis que vous observez ces petits poissons, vous pourriez être interrompu par le bruit – oui, le bruit ! – d'un énorme banc de maquereaux surgi des ténèbres.

ci-dessus
La séduisante murène-léopard est inoffensive.

en bref

Sites	9
Niveau	facile à confirmé
Visibilité	15 à 30 m
Musts	Stingray Point, Lion Rocks
Snorkelling	bon
Combinaison	3 mm
Coraux	en mauvais état
Faune	poissons-démons, raies-aigles, bancs de poissons-licornes, raies mantas (de novembre à janvier), angelots, raies-guitares, tortues vertes, murènes-léopards
Autres	caisson hyperbare à Victoria (à 20 mn), sorties à la journée à Praslin, La Digue, Mahé, Marianne et Shark Bank

ci-dessus
.e poisson-globe, telle cette 'emelle enceinte, constitue ın mets traditionnel très echerché au Japon, malgré ıne toxine mortelle présente lans sa chair.

à droite
.'étrange et merveilleux poisson licorne : farouche, l ne se déplace qu'en banc.

ci-dessous
Ce banc de poissons-chats rayés trouve la sécurité dans le nombre.

ci-dessus
Une raie manta à Stingray Point.

à gauche
Ce bloc de granit gigantesque et spectaculaire assure un abri à une faune nombreuse et diverse.

ci-dessus
L'extraordinaire raie-guitare : une raie en habit de requin.

ci-dessous
Le platax, curieux et familier, vous accompagnera souvent durant vos plongées.

ci-dessous
Les bancs de carangues sont nombreux autour de Frégate.

à droite
À Stingray Point, on rencontre régulièrement des poissons-démons, bien que cette espèce soit rare.

au milieu, à droite
Les grands requins-nourrices sont approchables, mais ils peuvent mordre. Leurs dents plates leur permettent de broyer leurs proies.

en bas, à droite
Le poisson porc-épic parvient souvent à décourager ses prédateurs en doublant de volume et en hérissant ses épines.

Le paysage sous-marin est surtout composé d'énormes formations granitiques empilées sur le fond océanique – on a l'impression d'être comme un enfant perdu au milieu d'un jeu de Lego géant. Lion Rocks, un champ de corail mort qui a manifestement beaucoup souffert d'El Niño, connaît un remarquable regain de vie. Surprise Rocks est un site d'apparence plus conventionnelle dont les coraux mous et durs se reconstituent peu à peu.

En explorant ces rochers, vous découvrirez d'énormes requins-nourrices au repos, des diables de mer aux nageoires déployées, des poissons-coffres, des poissons-porc-épic, des murènes vertes, des poissons-lions, des raies-aigles, des tortues vertes et des tortues à écailles, ainsi que l'habituelle cohorte de poissons tropicaux. Des poissons-chauves-souris familiers vous accompagneront tout au long de votre plongée, en mordillant de temps à autre vos palmes. La pratique du snorkelling est, ici, souvent très intéressante. Si la mer est calme, les plus intrépides prendront un canoë à la marina pour explorer les sites d'Airport et de Marina Beach.

La pratique de la plongée convient à tous les niveaux. Comme l'eau n'est pas profonde et les courants faibles, c'est un endroit idéal pour les débutants. Et, en remontant à la surface, quelque soit le site, vous serez toujours émerveillé par le panorama époustouflant de l'île Frégate.

maldives

Allez aux Maldives pendant qu'il en est encore temps. En effet, dans ces îles basses situées au large de la côte ouest du Sri Lanka et dont le point culminant est à moins de 10 mètres d'altitude, la montée des eaux consécutive au réchauffement planétaire constitue une lourde menace. Cette catastrophe annoncée affectera non seulement la population, mais aussi les nombreux touristes et plongeurs que le pays reçoit chaque année. Cet ensemble de 1 190 îles forme un collier de perles s'étendant du nord au sud sur plus de 800 kilomètres dans l'océan Indien. Totalement préservées, elles offrent un spectacle à couper le souffle vues d'avion.

Le développement des îles est strictement contrôlé, la règle d'or étant « rien ne doit dépasser la hauteur d'un palmier ». La vie marine profite de la même protection, la pêche commerciale étant interdite. Quinze pour cent des îles sont habitées et un quart de la population vit sur l'île de Malé, la capitale. Où que l'on aille, on est à des années-lumière de chez soi.

Pour la plongée, il y a une différence marquée entre les atolls du nord et ceux du sud. L'hébergement est toujours de qualité, que vous vous aventuriez sur l'île de Soneva Fushi au nord, ou que vous choisissiez le luxueux hôtel flottant du *Four Seasons Explorer* pour croiser vers le sud. Des lieux exceptionnels, dans un pays tout aussi exceptionnel.

L'hôtel Soneva Fushi est installé sur l'atoll de Baa, le long d'une plage de sable blanc bordée de palmiers, à trente minutes en hydravion au nord-ouest de Malé. Vous amerrirez sur un lagon aux eaux turquoise et, après trois minutes d'un trajet en petit bateau, vos pieds nus fouleront un sable blanc immaculé.

atoll de baa

hôtel soneva fushi

Si vous avez acheté des chaussures à la mode pour vous pavaner pendant vos vacances, c'est raté ! Dès votre arrivée, on vous propose un sac avec l'inscription *no news, no shoes* (pas d'informations, pas de chaussures) et, jusqu'à la fin de votre séjour, vos pieds ne seront en contact qu'avec le sable.

Les constructions basses, revêtues de plâtre blanc, disséminées parmi les palmiers, prouvent que le luxe authentique peut prendre des formes très diverses. L'endroit semble incroyablement intime, conçu avec un respect profond pour l'environnement, et l'esthétique naturelle de l'ensemble, proche de l'état brut, ne fait qu'ajouter à son charme. Les propriétaires, les époux Sonu et Eva (d'où le nom de « Soneva »), ont apporté leur touche personnelle. Ils ont fait de même au Soneva Gili, leur autre hôtel à l'est des Maldives, avec ses extraordinaires bungalows sur pilotis au-dessus du lagon. Les sites de plongée ne peuvent être comparés à ceux de l'atoll de Baa, mais il serait vraiment dommage de ne pas passer quelques jours au Soneva Gili au début ou à la fin de votre séjour.

Au Soneva Fushi, chaque habitation a son caractère propre et cette absence d'uniformité rend l'hôtel très particulier. L'établissement propose diverses formules, de la « petite chambre » de 48 m² à la

en bref

Aéroport	Malé
Compagnies	Qatar Airways, Emirates, XL airways
Transfet	30 mn par hydravion
Hébergement	65 chambres (toutes climatisées
Staff ratio	4+
Activités	pêche, sports nautiques, tennis de table, badminton, excursions culturelles, tennis, volley-ball, piscines privatives, spa, gymnase
Services	téléphone, télévision dans certaines villas, wi-fi, lecteur de DVD et de CD, room service
Enfants	tous âges
Courant	prise à trois fiches
Monnaie	rufiyaa
GMT	+5
Site Internet	www.sixsenses.com
Réservations	www.plongee-chic.com

NO NEWS
NO SHOES

villa privée de 190 m², mais toutes bénéficient du même confort, du même goût : parquets cirés, murs de crépi blanc décorés de tentures pain brûlé, lits de jour intérieurs et extérieurs, lampes de chevets qui permettent vraiment de lire, grand choix d'oreillers, innombrables serviettes et peignoirs douillets, salles de bain grandioses (certaines baignoires « flottent » même sur le bassin du jardin privé aux murs en cascades)... Et, juste au cas où tout cela ne vous suffirait pas, une armée de 300 employés est à votre service.

L'île est parcourue par un réseau de sentiers ombragés que vous emprunterez à pied ou à bicyclette. Le long de ces allées, des boutiques donnent au complexe l'aspect d'un petit village.

Les repas sont servis où bon vous semble. Le menu est préparé à la perfection, il est extraordinairement varié et répond à tous les goûts. Pour les gourmands, le glacier de l'hôtel propose 64 parfums différents.

L'hôtel Soneva Fushi est un endroit unique et les propriétaires s'attachent continuellement à atteindre plus de perfection en améliorant les villas, en ajoutant de nouvelles piscines privées, en recherchant de nouvelles tendances. C'est un luxe simple, ou plutôt luxueusement simple. Larguez les amarres et venez ici sans tarder !

SOLEN
DIVE CENTRE
SONEVA FUSHI

Le Soleni Dive Center est dirigé par Thomas et Alessandra qui vivent à Soneva Fushi depuis plus de dix ans. Le centre fonctionne comme une montre suisse, Thomas étant suisse lui-même. Il s'agit probablement de l'équipe de plongée la plus expérimentée des Maldives et ses membres ne sont pas tant des instructeurs que des « guides de brousse ». Ils connaissent les récifs comme leur poche et cela fait toute la différence.

le centre

Il y a deux sorties par jour, à 9 h 30 et à 15 h. Le ponton est proche du restaurant principal de l'hôtel et vous n'aurez que quelques pas à faire pour rejoindre le bateau. Il est donc préférable, en quittant votre chambre le matin, d'emporter votre appareil photo, votre ordinateur ou tout autre article indispensable.

Le reste de votre équipement vous attend à bord, lavé et séché par l'équipe de plongée. Il est rangé dans un panier où vous le replacerez après utilisation. Quand vous avez réglé votre gilet de stabilisation, votre bouteille est rangée jusqu'à ce que vous atteigniez le site de plongée.

Le bateau est une version moderne du traditionnel *dhoni*, avec un pont immense, des toilettes et un vaste pont-promenade agrémenté d'énormes coussins. Cette embarcation rend très agréables les sorties à la journée vers les récifs plus lointains, et elle navigue presque deux fois plus vite qu'un *dhoni* traditionnel.

Les instructeurs sont nombreux et les sorties se font par petits groupes. Il a été prouvé que deux explorations du même récif avec une équipe différente offraient à chaque fois de nouvelles découvertes.

en bref

Bateau	10 m luxueux
Taille du groupe	6
Instructeurs	5
Langues	français, anglais, allemand, italien, espagnol, japonais
Cours	PADI (tous niveaux)
Enfants	10 ans et +
Autres	location d'ordinateurs et d'appareils photos sous-marins, boutique de plongée, Nitrox, boissons et repas, préparation et nettoyage de l'équipement
Site Internet	www.soleni.com

En 1998, les récifs ont malheureusement été dévastés par El Niño, qui aurait détruit 95 % des coraux de la région. La nature a depuis repris une force extraordinaire, grâce principalement aux courants riches en nutriment qui balayent la zone. Les coraux mous sont à nouveau abondants et les coraux durs, notamment cornes de cerf et coraux choux-fleurs, font lentement, mais sûrement, leur réapparition.

ci-dessus
Ce spécimen rare et magnifique de corail rose jaillit d'une paroi rocheuse.

la plongée

L'abondance et la diversité de la vie marine n'ont en revanche pas changé. La pratique de la plongée aux Maldives était autrefois réellement magique, un véritable conte de fées, et elle demeure, aujourd'hui encore, incomparable. Sur l'atoll de Baa au nord, vous rencontrerez toutes sortes d'espèces : nudibranches, raies mantas, poissons-crapauds et autres poissons-pierres...

La seule espèce en déclin est le requin, mais c'est parce qu'il est, hélas, pourchassé sans merci pour ses ailerons. C'est un véritable scandale dont on parle trop peu ! Un million de requins sont tués chaque année dans le monde pour satisfaire les goûts culinaires de certains pays d'Extrême-Orient. Seuls les requins-baleines semblent relativement peu affectés par ce massacre. Bien que le gouvernement maldivien autorise encore cette pratique, il existe tout de même quelques sites où ces bêtes jouissent d'une protection, même limitée. Vous pourrez donc encore croiser des requins à pointe blanche, des requins gris de récif, des requins soyeux et, avec un peu de chance, des requins-marteaux halicornes. Toutefois, les plongeurs devront en général se contenter de certaines autres espèces : squilles, poissons-pierres et napoléons, dont les grosses lèvres font malheureusement, elles aussi, le délice des populations d'Extrême-Orient.

ci-contre, image principale
La faune a mieux résisté à El Niño que les coraux. Sur cette tête de corail, on voit une murène à points jaunes, une murène verte géante, un poisson-lion et une crevette marbrée. Croyez-le ou non, mais juste à l'extérieur du cadre de cette photo, il y a aussi une murène léopard !

ci-contre, de haut en bas
Les récifs abritent de nombreuses espèces rares, comme cet antennaire ; les crabes porcelaine vivent en sécurité au milieu des tentacules urticants des anémones ; la squille, solitaire est dotée de pattes en forme de matraque. Sa force de frappe est de 60 kg et la vitesse de l'impact d'un millième de seconde. Elle est capable de briser un masque de plongeur, l'objectif d'un appareil photo et même un aquarium.

en bref

Sites	12
Niveau	facile à confirmé
Visibilité	15 à 21 m de mai à novembre (saison des pluies), 21 à 30 m de décembre à avril (saison sèche)
Musts	Nelivaru Thila, Daravandu Thila
Snorkelling	très bon sur le récif
Combinaison	3 mm
Coraux	en voie de rétablissement ; les coraux mous en meilleur état que les durs
Faune	raies mantas et raies-aigles, requins-baleines, requins à pointe noire et requins gris de récif, napoléons, murènes, baleines-pilotes, poissons-crapauds, squilles, hippocampes fantômes, bancs de chirurgiens, de carangues, de barracudas, de poissons chauve-souris, de pagres et de poissons-licornes
Autres	sorties à la journée, parc marin, caisson hyperbare (à 20 mn)

ci-contre
Tous les récifs n'ont pas été décimés par El Niño. Certains ont remarquablement résisté.

ci-dessous
Les bancs de gorettes sont un spectacle familier aux Maldives.

ci-contre, de gauche à droite, de haut en bas
Il est pratiquement impossible de repérer des poissons-pierres, mais les guides savent exactement où ils vivent ; le poisson-fantôme arlequin est l'un des membres de la « communauté récifale » le plus exotique ; une murène-léopard peu farouche ; un poisson-pierre d'une autre espèce.

Les sites de plongée de l'atoll de Baa figurent parmi les plus faciles des Maldives grâce à leurs larges canaux où les courants sont moins forts qu'ailleurs. À l'exception des sorties à la journée, la plupart des plongées s'effectuent sur les *thilas* (récifs submergés). Bien qu'il y ait peu de repères, Thomas et son équipe n'ont nul besoin de GPS, ils vous conduiront instinctivement et directement jusqu'à ces *thilas*, dont les sommets se situent entre 4,50 et 9 mètres sous la surface.

L'un des sites les plus fréquentés est Nelivaru, probablement à cause de sa proximité du Soneva Fushi. À la bonne époque, c'est une « station de nettoyage » pour les raies mantas. Les amateurs de murènes seront enchantés : sur un seul sec – minuscule île sous-marine de 6 mètres de diamètre entourée de sable – ils pourront observer au moins 3 espèces différentes qui donnent à ce bloc rocheux l'aspect d'une hydre subaquatique. Avec l'équipe, vous tenterez de débusquer la magnifique crevette-arlequin qui évoque une top-model aguicheuse montrant ce qui peut vous émoustiller, mais cachant l'essentiel.

Dans tous les sites, vous croiserez une faune étonnamment diverse : tortues, poissons-crapauds, diodons, murènes vertes, murènes tachetées et murènes masquées, poissons-faucons, poissons-lions, poissons-clowns, anémones, poissons-fantômes arlequins, poissons-scorpions, poissons-pierres, poissons-ballons, bancs de vivaneaux et de fusiliers, poissons-coffres, carangues, poissons-empereurs, squilles, raies pastenagues… Et, à l'écart des récifs, vous apercevrez thons, carangues, raies mantas ou raies-aigles.

El Niño ou le tsnumami de 2004 n'ont heureusement pas réussi à détruire la beauté de ces îles. Le nombre de touristes et de plongeurs qui séjournent aux Maldives en est la meilleure preuve.

Le *Four Seasons Explorer* ne ressemble pas à un bateau de croisière-plongée, mais plutôt à un hôtel flottant. Lancé en 2002, ce catamaran de 40 mètres a depuis écumé les eaux des Maldives. Les croisières commencent et finissent au Four Seasons Kuda Huraa et sillonnent, selon la météo, les atolls du sud et du nord. Une chose est certaine : il n'est pas nécessaire d'être plongeur pour profiter pleinement de cette aventure.

four seasons explorer

yacht four seasons explorer

Le *Four Seasons Explorer* présente, sur 3 niveaux, beaucoup d'espaces abrités. À bord, vous disposez d'un espace plongée parfaitement équipé, d'une riche bibliothèque, d'un bar en plein air, d'un jacuzzi, d'un spa, d'un pont-promenade et d'une salle à manger avec un écran plasma pour visionner vos « exploits » et pour accompagner des conférences de vulgarisation sur la biologie marine.

Le bateau peut accueillir un maximum de 22 personnes dans ses lumineuses et élégantes cabines. Leurs grandes baies vitrées panoramiques offrent des vues magnifiques tout au long du trajet dans les îles. Aucun détail n'a été négligé : literie et serviettes moelleuses, vaste espace de rangement, téléviseur et lecteur de DVD/ CD. Les chanceux dormiront dans l'extraordinaire suite Explorer qui occupe, à l'avant, toute la largeur du bateau, jouit d'une vue panoramique exceptionnelle et possède sa terrasse privée.

Les activités comprennent le tour des îles, un déjeuner sur un banc de sable isolé ou un dîner barbecue sur une plage déserte (la cuisine est délicieuse), mais vous aurez toujours le temps de nager, de vous faire masser... La preuve évidente du confort de l'Explorer est que 50 % des clients ne pratique pas la plongée.

en bref

Aéroport	Malé
Compagnies	Qatar Airways, Emirates, XL Airways
Transfert	15 mn en bateau (croisière de 3-7 nuits) ; 30 mn en hydravion (croisière de 4 nuits)
Hébergement	10 cabines + 1 suite
Staff ratio	2+
Activités	visites de villages, sports nautiques, pique-niques sur les îles, conférence sur la biologie marine
Services	téléphone, télévision, lecteur de DVD/CD, service en cabine
Enfants	10 ans et +
Courant	prise carrée à trois fiches
Monnaie	rufiyaa
GMT	+5
Site Internet	www.fourseasons.com/maldives
Réservations	www.plongee-chic.com

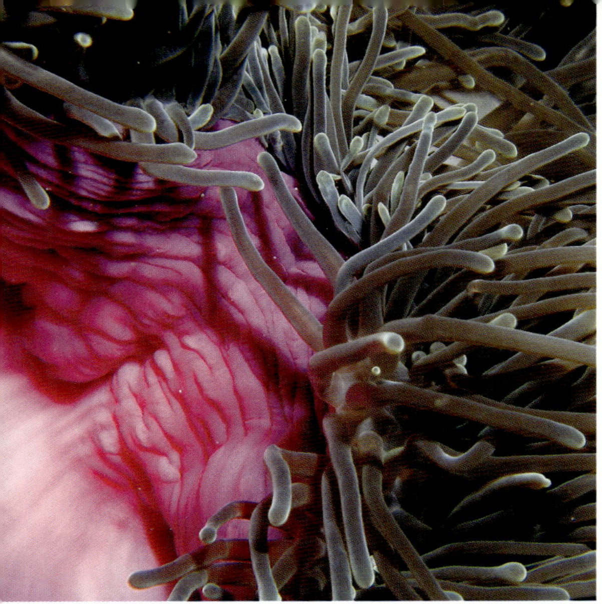

ci-dessus
Face interne aux vives couleurs d'une anémone.

Alors que vous êtes en pleine béatitude, on vous signale que c'est le moment de vous jeter à l'eau ! Si vous connaissez déjà le nord des Maldives, choisissez une croisière dans les îles du sud, et vice-versa. Quel que soit votre choix, vous découvrirez les Maldives sous leurs plus beaux atours.

la plongée

Le pont de plongée spacieux de l'*Explorer* ouvre sur la poupe, où vous attend votre combinaison soigneusement pliée. Vous pouvez choisir parmi une excellente gamme de matériel, y compris des projecteurs et des ordinateurs, et plonger à votre guise au Nitrox ou à l'air.

Les sites se trouvent au maximum à 20 minutes de l'endroit où l'*Explorer* jette l'ancre et on vous conduira sur le lieu à bord d'un *dhoni* de 9 mètres. L'embarcation est abritée du soleil et des intempéries. Votre bouteille sera remplie sans qu'il soit nécessaire de revenir au bateau-mère.

La plupart des plongées s'effectuent en petits groupes, mais vous devez en faire la demande expresse. Pour un petit supplément, il est même possible d'avoir son instructeur privé. Il y a une sortie le matin et l'après-midi, et, de temps à autre, la nuit ou à l'aube.

Les sites sont extrêmement divers : des plus faciles convenant au snorkelling aux plongées dérivantes particulièrement exigeantes. Vous pouvez explorer certains des principaux canaux des Maldives et accroître ainsi vos chances de voir des raies mantas et autres espèces pélagiques. Après une nuit confortable, se réveiller à proximité de nouveaux sites de plongée, rend l'expérience hors du commun.

en bref

Niveau	facile à avancé
Visibilité	15 à 21 m de mai à novembre (saison des pluies), 21 à 30 m de décembre à avril (saison sèche)
Snorkelling	bon
Combinaison	3 mm
Coraux	en voie de rétablissement
Faune	raies mantas et raies-aigles, requins-baleines, requins-marteaux, requins à pointe blanche, requins à pointe noire et requins gris de récif, napoléons, murènes (4 espèces), baleines-pilotes, poissons-crapauds, squilles, poissons-fantômes arlequins, grands bancs de chirurgiens, de carangues, de barracudas, de poissons chauve-souris et de poissons-licornes
Autres	plongées nocturnes et sur épaves, parc marin, caisson hyperbare

ci-contre, de gauche à droite, de haut en bas
Les poissons-scorpions, comme les poissons-pierres, sont des maîtres du camouflage ; le site de Shipyard comporte deux épaves qui abritent une vie sous-marine très active ; un poisson-pipe, petit mais aux formes parfaites ; l'apparenc[e] des mollusques bivalves fait penser à un croisement entre un hamburger et une marionnette du Muppet Sho[w] ; ils font habituellement corps avec les récifs coralliens, mais ils sont aussi capables de nager.

L'île de Phuket se trouve à quelques encablu
au large de la côte sud-ouest de la Thaïlande
à un peu plus d'une heure de Bangkok en av
Elle ne possède que peu des caractéristiques
d'une île, car seul un canal étroit la sépare
du continent, mais elle est idéalement placé
pour offrir des plongées de grande qualité.
Elle est baignée par les eaux chaudes de la m
d'Andaman. À l'est se trouve la baie de Phan
Nga, d'une beauté stupéfiante.

Auparavant, le nom de Phuket évoquait surtout des
plages magnifiques et le tourisme sexuel. Désormais
sera pour toujours associé aux dévastations causées
le tsunami de décembre 2004. Des îles comme Koh P
Phi furent ravagées. Aujourd'hui, plus rien, ou presq
ne nous rappelle cette catastrophe. Les hôtels – répa
rénovés, embellis, agrandis – ont repris leurs activité
Tout fonctionne à nouveau normalement à Phuket.

Votre séjour à l'hôtel Amanpuri commence à l'aérop
Tout stress inhérent à un long voyage disparaîtra
dès que vous vous installerez dans la limousine, avec
ses sièges habillés de housses blanches, ses serviette
légèrement parfumées et ses bouteilles d'eau fraîche
qui vous donnent un avant-goût de ce qui vous atten
À l'arrivée, 25 minutes plus tard, vous entrerez
dans un domaine privé qui n'abrite que deux hôtels.

L'hôtel Amanpuri fut la première réalisation de la chaîne Amanresorts. C'est ici, en 1988, qu'Adrian Zecha put concrétiser pour la première fois sa vision révolutionnaire. Faisant fi des critiques, il bouleversa le concept du luxe. Ses idées paraissent de nos jours l'évidence même. Sans l'ampleur de sa végétation, l'hôtel Amanpuri donnerait l'impression d'avoir ouvert la veille, signe d'une conception intemporelle et d'un entretien parfait.

phuket

hôtel amanpuri

La pièce maîtresse de l'hôtel est sa piscine à débordement longue de 30 mètres, spécialité des Amanresorts. Ce bassin aux eaux bleu nuit semble tout droit sorti d'un jardin zen, par sa pureté architecturale. Créé par le célèbre architecte Ed Tuttle dans les années 1980, le concept de cette piscine était à l'époque novateur. Il suscite aujourd'hui encore la même fascination. Les bâtiments principaux ouverts sur un côté – les deux restaurants, le bar, la réception, le kiosque à musique, tous dominés par d'immenses arbres, vestiges de la cocoteraie qui occupait autrefois le site – se reflètent dans les eaux de la piscine.

Le complexe hôtelier comporte 40 pavillons étagés à flanc de colline, et 30 villas isolées, plus grandes et avec piscine privée. Le choix du style thaï, avec notamment le toit à fortes pentes, est l'expression d'un luxe simple. Les pavillons sur pilotis sont reliés par des passerelles et des escaliers raides, interprétation moderne d'un village thaï traditionnel. Le résultat est incroyablement élégant. Ces structures en bois protègent de la chaleur et la climatisation silencieuse n'atténue nullement le chant des oiseaux. Chaque pavillon se compose d'une chambre à coucher spacieuse dotée d'un immense lit double et ouvrant sur une vaste salle de bains et d'une *sala* (terrasse-salle à manger).

en bref

Aéroport	Phuket via Bangkok, Singapour ou Hong Kong
Compagnies	Thai Airways, Air France, Singapore Airlines
Transfert	25 mn en voiture
Hébergement	40 pavillons et 30 villas (tous climatisés)
Staff ratio	4+
Activités	golf, forêt tropicale, visite de temples, sports nautiques, spa, gymnase, piscine, tennis
Services	Internet, téléphone, room servic
Enfants	tous âges
Courant	prise ronde ou plate à deux fiche
Monnaie	baht
GMT	+7
Site Internet	www.amanresorts.com
Réservations	www.plongee-chic.com

Amanpuri signifie « havre de paix » en sanskrit. Les habitations sont éparpillées sur ce qui ressemble à d'énormes gradins d'amphithéâtre.

La plage de sable blanc immaculé est séparée de l'hôtel voisin par des rocs de granit massifs, leur assurant ainsi une parfaite intimité. Le sable peut atteindre des températures élevées sous ces latitudes, mais pour vous donner une idée de l'attention portée aux clients, sachez que chaque matin, les plages sont arrosées d'eau fraîche.

Le déjeuner se prend généralement au restaurant de la plage, qui propose aussi bien des sandwichs que de délicieux plats locaux, ou au Beach Club, près de sa somptueuse piscine. Le dîner est servi soit au restaurant italien qui domine la plage, soit au restaurant principal au bord de la piscine, dans une atmosphère paisible. Les eaux sombres reflètent les grands palmiers et le ciel étoilé, et vous êtes bercé par des mélodies traditionnelles qui parviennent du kiosque à musique. Vos papilles gustatives seront émerveillées par des plats thaïs ou par le sublime *wagyu* (viande de bœuf japonaise engraissée d'une façon particulière), le tout préparé avec la quantité d'épices de votre choix.

Pour le groupe Amanresorts, l'hôtel Amanpuri n'est pas seulement son établissement pionnier, mais aussi son porte-étendard. Il abrite le premier spa conçu par la chaîne et géré par une équipe hors pair. Comme tous les établissements de ce groupe, l'Amanpuri se caractérise par un luxe discret qui s'épanouit dans un cadre paisible reflétant subtilement la culture thaïlandaise.

NO DIVING

La société H2O Sportz gère efficacement le centre de plongée. L'Amanpuri figure au premier rang de la liste des hôtels cinq étoiles qui ont recours à ses prestations. Dès que vous aurez décidé d'explorer les récifs de Phuket ou ceux des îles Similan, il ne vous restera plus qu'à indiquer à la réception votre taille et votre équipement vous attendra sur le bateau. Difficile de faire plus confortable.

le centre

H2O Sportz dispose d'une flottille diversifiée, chaque bateau étant adapté au site choisi et à la taille du groupe (jamais plus de 6 personnes par sortie). Un petit hors-bord abrité du soleil vous conduira jusqu'aux récifs les plus proches, tandis qu'un bateau plus grand et plus rapide est mis en service pour les sorties à la journée et les croisières de deux jours.

Le point de départ dépendra du temps. Il peut s'effectuer depuis la plage de l'hôtel ou depuis l'un des deux ports, à quelques minutes en voiture. Il est facile d'affréter un bateau privé pour la journée ou pour une brève sortie. Il y a toujours des boissons à bord, ainsi qu'un déjeuner complet pour les sorties à la journée.

Plus aventureux, on peut louer pour deux jours l'un des bateaux de la flotte pour rallier les îles Similan au nord ou le golfe de Phuket à l'est. Une véritable armada est à votre disposition, depuis le petit *Sea Ray* (6 mètres), jusqu'à l'immense yacht de luxe de 34 mètres ; de la jonque de 12 mètres, jusqu'au *Maha Bhetra* (28 mètres), sans doute le plus exotique. Affréter un bateau pour une nuit ou plus vous permet d'explorer des sites plus lointains et surtout d'y arriver le premier. Avec le *Maha Bhetra*, vous plongerez dans des conditions extraordinaires.

en bref

Bateaux	6 m et +
Taille du groupe	6
Instructeurs	3
Langues	français, anglais, thaï, allemand, russe,
Cours	PADI (tous niveaux)
Enfants	12 ans et +
Autres	location d'ordinateurs et d'appareils photo sous-marins, Nitrox et recycleurs, boissons et repas, nettoyage de l'équipement
Site Internet	www.diveh2osportz.com

Le *Maha Bhetra* est un yacht de 28 mètres construit sur les indications d'Ed Tuttle, l'architecte d'Amanresorts. Chaque hôtel du groupe est conçu pour refléter l'esprit du pays et ce vaisseau de luxe ne déroge pas à la règle. Le *Maha Bhetra* est unique et pourtant typiquement thaï. Vous croiserez à la vitesse de 8 nœuds, allongé sur un immense lit de jour, alors que l'un des paysages les plus spectaculaires au monde défilera sous vos yeux.

maha bhetra

yacht maha bhetra

Fait remarquable, ce navire fut l'objet d'un reportage dans la revue *Architectural Digest*, qui ne s'intéresse pourtant pas particulièrement aux bateaux. Sa forme est parfaitement adaptée aux croisières sur une mer tranquille dans un climat bercé d'une brise douce et constante. Le Maha Bhetra n'aurait pas sa place en Méditerranée ou dans les Caraïbes, mais il convient idéalement à la mer d'Andaman et au golfe de Phuket. Ses lignes audacieuses et son aménagement sans concession sont inégalables.

Les passagers disposent de deux ponts : le grandiose pont supérieur, où vous passerez le plus clair de votre temps, et le pont inférieur qui donne accès aux cabines. Les trois double-cabines climatisées, aux magnifiques finitions en bois du pays, sont très confortables : vaste lit, espace douche spacieux, table de toilette avec lavabo encastré et grands espaces de rangement. Elles ouvrent des deux côtés sur le pont, la « master suite » ouvrant même sur trois côtés. Il n'y a pas de couloirs dans ce bateau ; la mer est visible en permanence.

Le pont supérieur est un espace abrité ouvert sur les côtés, où sont disposés un immense lit de jour, une table pour les repas et un vaste espace pour les bains de soleil. Il abrite également la timonerie qui évoque l'atmosphère de *Vingt mille lieues sous les mers* de Jules

en bref

Aéroport	Phuket via Bangkok, Singapour ou Hong Kong
Compagnies	Thai Airways, Air France, Singapore Airlines
Transfert	25 mn en voiture
Hébergement	3 cabines climatisées
Staff ratio	2
Services	chef thaï, pêche, canoë, massages thaïs sur demande
Enfants	tous âges
Courant	prise ronde ou plate à deux fiches
Monnaie	baht
GMT	+7
Site Internet	www.amanresorts.com
Réservations	www.plongee-chic.com

Verne, avec sa traditionnelle barre en laiton, son vitrage en biais et son grand écran GPS.

La température est toujours agréable, une brise soufflant constamment de l'est ou de l'ouest selon la saison. Vous n'aurez jamais recours à l'air conditionné. Haut perché au-dessus de l'eau, on a l'impression de survoler les mers depuis un poste d'observation grandiose et confortable.

Vous pouvez affréter le *Maha Bhetra* pour 7 jours. À vous de choisir votre destination : au nord vers les îles Similan, ou au sud-est vers les îles Koh Phi Phi. Toutes abritent des sites de plongée exceptionnels, mais si le paysage aux îles Koh Phi Phi est spectaculaire, il vaut mieux choisir les îles Similan pour la plongée.

Une croisière, ne serait-ce que d'une journée, vous offre l'avantage d'atteindre les sites avant tout le monde et de les explorer seul. Les plongeurs sont particulièrement choyés par le personnel. Si vous ne pratiquez pas ou si vous souhaitez faire une pause, le lit de jour est une alternative séduisante.

L'atout majeur du *Maha Bhetra* est la présence de larges ouvertures qui vous permet un regard constant sur la beauté des îles thaïlandaises. La conception du yacht est littéralement « intérieur-extérieur ». Vous êtes protégé du soleil et rafraîchi par la brise, tandis que l'équipage est à vos soins. Ce yacht est l'expression la plus achevée de la plaisance de luxe.

ci-dessus
Le poisson-ballon, espèce venimeuse, se gonfle d'eau jusqu'à atteindre plusieurs fois sa taille afin de décourager ses prédateurs.

Plonger à Phuket est une expérience extrême et l'Amanpuri se charge de tout. Vous pouvez pratiquer aux environs de l'hôtel, mais il serait dommage de manquer les îles Similan. Vous y découvrirez un paysage sous-marin fantastique, des eaux limpides et une visibilité de 30 mètres, alors qu'elle ne dépasse pas 15 mètres aux abords de l'hôtel.

la plongée

Les sorties à la journée s'effectuent en navettes privées ou en petits groupes. Il faut environ 2 heures pour rallier les îles Similan, qui ne sont accessibles qu'entre novembre et avril selon les conditions météorologiques. La traversée est parfois agitée, mais une fois à destination, une partie des îles abritée du vent permet une paisible halte. Même si vous n'êtes pas plongeur, vous pouvez apercevoir des requins-léopards à la surface. Quand la météo l'autorise, cette sortie est un « must ».

Les îles Similan possèdent des sites de plongée de renommée mondiale, très variés, avec des parois en pente douce à l'est et des rochers spectaculaires comme Elephant Rock à l'ouest. Jadis victime de la pêche à la dynamite, la zone, devenue un parc marin en 1982, abrite aujourd'hui une vie sous-marine foisonnante. Les récifs intacts – recouverts de coraux mous et de coraux durs – sont habités par des tortues vertes, des murènes vertes géantes, des murènes étoilées, des murènes à points jaunes, des poulpes, des requins-léopards, des sèches, des bancs d'anthias, de poissons-papillons, de poissons-lions et de mérous corail, tandis que carangues et maquereaux hantent les profondeurs en attendant leur heure. À la bonne saison, vous pourriez même croiser des requins-baleines et des raies mantas.

en bref

Sites	7
Niveau	facile à confirmé
Visibilité	15 à 25 m dans la baie, + de 25 m sur la côte ouest et à Koh Phi Phi
Musts	Anemone Reef, Shark Point, Similan Islands
Snorkelling	bon sur le récif et depuis le *Maha Bhetra*
	3 mm
Coraux	excellent état
Faune	requins-léopards, poissons-fantômes arlequins, hippocampes, crevettes-arlequins, murènes à points jaunes, étoilées et zébrées, poissons-clowns, requins-baleines, tortues vertes et tortues imbriquées, raies mantas
Autres	sorties à la journée, plongées nocturnes et sur épaves, 2 caissons hyperbares à Patong Beach et à Deep Sea Port

ci-contre, en haut, à gauche
Le poisson-fantôme arlequin aux riches ornements, est une créature particulièrement belle et délicate, mais aussi insaisissable.

ci-contre, en haut, à droite
Les poissons-scorpions sont si bien camouflés que seule la lumière artificielle permet de distinguer leurs couleurs. Ne les touchez surtout pas quand vous vous agrippez à un rocher !

ci-contre, en bas
Les anémones prennent la forme d'une boule quand elles dorment ; elles exhibent alors leur bouche et leur face interne aux couleurs vives. Sous la lumière artificielle, elles arborent des teintes presque éthérées.

-contre, de gauche à
oite, de haut en bas
poulpe vit caché dans son antre,
iis en sort de temps à autre
our voir ce qui se passe » ;
poisson porc-épic hérisse
s épines pour dissuader ses
édateurs ; les méduses urticantes
nt office de maison flottante
ur diverses espèces marines ;
tortues vertes sont communes
x îles Similan.

à droite
La nageoire dorsale du poisson-lion contient un poison puissant. On peut toutefois l'approcher sans danger.

ci-dessous, à droite
La murène étoilée, l'une des plus jolies et des plus « dociles » parmi les 120 espèces de murènes, est relativement commune autour de Phuket.

uelques sites intéressants nécessitent eux aussi des sorties la journée : Anemone Reef et Shark Point sont incontournables. ı visibilité n'est peut-être pas parfaite, mais peu importe. Les sites trouvent sur la côte est de Phuket, à environ une heure de la ıarina, et mieux vaut s'y rendre tôt car ils sont très fréquentés.

ıême après le terrible tsunami de 2004, les récifs sont en ‹cellente santé et grouillent d'une vie variée. À Shark Point, vous ourrez voir de magnifiques requins-léopards, lesquels, dans cette one protégée, échappent à la pratique barbare du « finning » :ouper les ailerons du requin vivant et rejeter l'animal mutilé à la ıer). Si la chance vous sourit, vous rencontrerez également des ippocampes. Anemone Reef, non loin de là, est peut-être encore lus intéressant. Ce petit récif affleure à 4,50 mètres à peine, mais y a un tel foisonnement de vie qu'il faut plusieurs plongées our l'explorer. Son nom est parfaitement adapté : les anémones réent une grande cape qui l'enveloppe. Ballottée par la houle, lle abrite une myriade d'espèces : poissons-fantômes arlequins, ıurènes, poissons-scorpions, poissons-lions, poissons-coffres, udibranches, porcelaines... En remontant, vous serez stupéfait par environnement. Que vous soyez plongeur ou non, une sortie en ıer est incontournable pour contempler la beauté de Koh Phi Phi, ù fut filmé *La Plage*, et celle de « James Bond island », ainsi nommée epuis le tournage de *L'Homme au pistolet d'or*.

e meilleur moyen de découvrir ces sites est d'affréter l'un des ateaux de la flotte d'Amanresorts. Vous aurez ainsi l'assurance e pouvoir plonger à l'aube et de profiter seul du site. À défaut, ne sortie à la journée sera quand même une grande découverte, ssurez-vous seulement de partir de bonne heure.

philippines

Constituées de quelque 7 100 îles et îlots volcaniques – dont beaucoup n'ont même pas de nom –, les Philippines semblent flotter sur l'océan Pacifique. Leur histoire est relativement calme. Contrairement à beaucoup de ses voisins, ce pays n'a pas connu de successions dynastiques violentes. Est-ce grâce à sa diversité linguistique, culturelle et raciale (plus de 111 dialectes sont parlés dans cet archipel) ?

Les Philippines sont la seule nation catholique en Asie. Cette particularité est due à la forte influence espagnole qui commença avec l'arrivée de Ferdinand Magellan en 1521. Les séparatistes musulmans de l'île de Mindanao sont une source de troubles très médiatisés, mais la vie est paisible dans la majeure partie du pays.

Il est fort peu probable que vous observiez la moindre agitation si vous séjournez à l'hôtel Amanpulo. Situé sur l'île privée de Pamalican au milieu de la mer de Sulu, cet hôtel est à seulement une heure de vol au sud de Manille, mais il donne l'impression d'être au bout du monde. Votre séjour dans la capitale ne devrait être qu'un bref intermède dans le luxueux salon Amanresorts de l'aéroport, mais si vous passez une nuit à Manille, allez donc au Peninsula. Demandez à l'hôtel de venir vous chercher en voiture à l'aéroport en raison des difficultés de circulation. Ne restez que le temps strictement nécessaire dans cette agglomération tentaculaire, car le vrai luxe vous attend ailleurs.

Impossible de dissocier l'Amanapulo de Pamalican, dont le nom signifie « île paisible ». Les 100 hectares de l'île baignent dans une tranquillité absolue et abritent une luxueuse retraite de 40 chambres, une végétation luxuriante, une pléthore d'oiseaux exotiques et peut-être l'une des plus belles plages de la planète, une bande apparemment infinie d'une poudre blanche extrêmement fine qui s'enfonce en pente douce dans les eaux turquoise de la mer.

île de pamalican

hôtel amanpulo

Conçues par un grand architecte philippin, les spacieuses *casitas* sont inspirées de la *bahay kubo*, maison traditionnelle philippine avec toit de chaume et parois de bambou. Les 29 *casitas* de la plage sont incroyablement intimes, dissimulées derrière la plage, tandis que les 11 autres sont installées sur la colline, à l'arrière-plan, certaines avec une vue sur l'île voisine de Manamoc (les *casitas* 39 et 40 offrent des panoramas fantastiques). Toutes comportent un immense lit double, deux lits de jour, un coin bureau et deux portes vitrées coulissantes ouvrant sur une terrasse privée où sont disposés deux autres lits de jour. Des murs en crépi rugueux, des tables en noix de coco, des parquets en bois massif et des stores en osier complètent l'élégant tableau.

Le bar de la plage et le club-house sont les deux centres d'activités. Le bar, merveilleusement décontracté, propose un excellent menu au déjeuner et, une fois par semaine, se met sur son trente et un pour vous offrir un barbecue. Vous prendrez alors place soit à une table traditionnelle, soit sur un somptueux matelas de style oriental, face au coucher de soleil et au feu crépitant. À ne manquer sous aucun prétexte. Quant au club-house, une construction de plain-pied perchée sur une hauteur, il abrite la bibliothèque, un bar, le restaurant ainsi qu'une vaste boutique.

en bref

Aéroport	Pamalican via Manille
Compagnies	KLM, Cathay Pacific, Qatar Airwa Singapore Airlines, Lufthansa
Transfert	1 h par avion
Hébergement	40 *casitas* plus 11 villas
Staff ratio	5
Activités	sports nautiques, tennis, piscine, spa, voile, yoga
Services	téléphone, télévision, room service, Internet, dock Ipod
Enfants	tous âges
Courant	prise ronde à deux fiches
Monnaie	peso philippin
GMT	+8
Site Internet	www.amanresorts.com
Réservation	www.plongee-chic.com

La gigantesque piscine à débordement est entourée de parasols et de *salas* (pavillons ouverts). Comme tous les hôtels Amanresorts, l'Amanpulo aménage l'espace pour que chaque client ait l'impression d'être seul au monde. Les *salas*, isolées et ouvertes sur les côtés, sont idéales pour se détendre durant la journée (elles comportent toutes un grand lit de jour qui invite au farniente), mais sont encore plus attrayantes le soir – la *sala* au bassin jonché d'orchidées est un décor extraordinaire pour un dîner. Où que vous preniez vos repas, le service est impeccable et la cuisine, délicieuse, propose un mélange de plats traditionnels et de classiques occidentaux.

Ici, vous pouvez pratiquer tous les sports nautiques possibles et imaginables, louer un bateau pour rallier les îles voisines, participer à des croisières au coucher de soleil ou au clair de lune. Vous préférerez peut-être explorer l'île au volant de la voiturette de golf privée qui vous attend sur la piste d'atterrissage à votre arrivée, véhicule utile pour découvrir les environs. Détail important, ayez toujours une crème anti-insectes à portée de main, sinon les *nik nik*, ou mouches des sables, ne vous laisseront jamais en paix.

Les enfants disposent d'aires de jeux et sont pris en charge par un personnel compétent. Par ailleurs, dans les coulisses, une équipe de 350 employés fait en sorte que vous ne manquiez de rien.

Cette île présente un environnement naturel préservé qui devait être celui des Philippines d'autrefois. Elle offre un tel contraste avec Manille qu'il est difficile de croire que la métropole ne se trouve qu'à une heure d'avion. L'hôtel Amanpulo est encore peu connu, en particulier des Occidentaux, mais il mérite toute sa place parmi les grandes destinations touristiques.

The Dive Shop
PADI

Un nouveau centre de plongée plus complet a remplacé l'ancien qui marquait par sa simplicité. Au bord d'une plage superbe qui lui est consacrée, il n'est qu'à cinq minutes en buggy de presque toutes les *casitas*. Si vous possédez votre équipement, les employés s'en occuperont, sinon, un bon choix de matériel est disponible, y compris pour les enfants.

le centre

Les plongées ont lieu à des heures plutôt flexibles – 8 h , 9 h, 10 h, 11 h et 15 h. Les groupes comprennent un maximum de 4 personnes, mais la plupart du temps, vous vous retrouverez seul avec votre instructeur. Les membres de l'équipe de plongée viennent d'un peu partout dans le monde, mais ils connaissent bien les lieux. Ils arborent en permanence un large sourire et semblent toujours enthousiastes à la perspective de plonger.

Vous embarquerez depuis la plage. Le bateau offre un espace ombragé, mais attendez-vous à être mouillé durant le trajet. Il vaut mieux emporter un sac étanche pour garder vos affaires au sec.

Le centre fait la part belle au snorkelling, avec des sorties régulières vers des récifs abritant un grand nombre de poissons que vous observerez à loisir grâce aux fréquentes séances de « feeding ». Les plus aventureux prendront un kayak pour rallier une des bouées signalées et s'y attacher.

Vous enfilez votre combinaison à l'ombre du centre alors que votre matériel vous attend à bord où vous le laisserez après la plongée. Le nettoyage de l'équipement est exemplaire et méticuleux. Cet endroit est vraiment idéal pour apprendre à plonger.

en bref

Bateaux	8 m et +
Taille du groupe	4
Instructeurs	2
Langues	anglais
Cours	PADI (tous niveaux)
Enfants	8 ans et +
Autres	location d'ordinateurs, boissons, nettoyage de l'équipement

ci-dessus
Le statut de parc marin de la zone protège les récifs de Pamalican de la pêche à la dynamite.

L'île de Pamalican est un parc marin autoproclamé, une rareté dans un pays tristement célèbre pour la pratique de la pêche à la dynamite et de la pêche au cyanure. Les sites de plongée se trouvent sur deux côtes, celle à l'ouest, plus abritée, où est située la plage principale de l'hôtel, et celle à l'est, plus exposée.

la plongée

Tous les sites se trouvent à un maximum de 15 minutes du centre. Peu d'entre eux permettent l'ancrage, mais un membre de l'équipe sera présent lorsque vous referez surface, quelles que soient les conditions météorologiques. La visibilité, médiocre sur le récif attenant à la base (9 mètres), peut atteindre plus de 26 mètres à Casita 40, où la pleine mer balaye les obstacles qui l'entravent.

Les tortues nichent sur l'île de Pamalican. Elles sont habituées à la présence humaine car l'hôtel Amanpulo prend soin de leurs œufs et s'assure que les nouveaux-nés gagnent la mer sans encombre. Si vous séjournez en ces lieux à la bonne époque, vous observerez ce phénomène. Même le récif attenant à la base, un site facile tout près de la plage principale, abrite quelques tortues vertes géantes et tortues à écailles. Vous pourriez en voir une passer près de vous, d'une taille pouvant atteindre 1,80 mètre, avec ses deux rémoras fixés solidement sur sa carapace. L'endroit est également très poissonneux : raies pastenagues à points bleus, murènes à points jaunes, barramundis et leurs magnifiques petits qui dansent dans l'eau.

Fan Coral est un site d'un autre niveau. Ses récifs immaculés abritent une faune tropicale très variée : langoustes, poissons-clowns,

ci-contre, de gauche à droite, de haut en bas
Gros plan extraordinaire d'une palourde géante ; le cobia, comme le requin, ne possède pas de vessie natatoire, il est donc obligé de se tenir immobile sur le fond sableux ou de nager sans s'arrêter ; à l'instar du poisson-scorpion et du poisson-lion, le poisson crapaud est passé maître dans l'art du camouflage, il est alors presque impossible de le distinguer de son environnement ; les palourdes sont très sensibles aux mouvements et rentrent dans leur coquille quand on s'en approche trop vite.

en bref

Sites	8
Niveau	facile
Visibilité	9 à 25 m
Musts	Casita 40, Fan Coral et The Tip
Snorkelling	très bon sur le récif
Combinaison	3 mm
Coraux	très bon état
Faune	cobias, mantes, raies-aigles et raies-guitare, tortues vertes géantes, tortues à écailles, requins de récif, grands poissons-crapauds, raies pastenagues, thons, poissons-hirondelles, murènes ruban bleu
Autres	parc marin, plongées nocturnes, caisson hyperbare à Manille (à 2 h)

à gauche, de haut en bas
Le barramundi juvénile, magnifique et plutôt rare, est un des surprenants habitants de ce récif ; l'extraordinaire rouget volant doit son nom à sa faculté de « voler » au-dessus du fond océanique, les ailes déployées. C'est en plongée nocturne qu'on peut l'observer dans les meilleures conditions ; poisson-pipe et sa queue caractéristique.

à droite, image principale
Le bernard-l'ermite naît sans coquille. Il se réfugie dans une coquille vide de gastéropode et, quand il grandit, déménage pour une coquille plus vaste.

à droite, de haut en bas
La relation symbiotique que les palourdes entretiennent avec les algues crée une merveilleuse palette de couleurs ; quand elles s'enfuient, les sèches secrètent une encre, la sépia, utilisée pour le dessin au lavis ; le poisson-coffre est farouche, mais sa coloration étonnante attire l'attention.

poissons-empereurs, idoles maures, napoléons, raies pastenagues à points bleus et quelques rares raies pastenagues géantes. Il s'agit de l'un des sites les plus fascinants de toute l'île.

Casita 40, à près de 500 mètres en face du bungalow du même nom, mérite d'être exploré à plusieurs reprises. Paroi rocheuse variant de 9 à 30 mètres de profondeur, c'est un récif florissant où vous verrez d'énormes seiches familières, des tortues et des raies guitares. Les coraux mous abondent et les gorgones et les coraux tabulaires font un retour en force après le passage d'El Niño et d'un terrible typhon.

The Tip est une sorte de site surprise où grouille une faune inattendue. Vous nagerez en compagnie de mantes, de raies-aigles et mantas, de requins à pointe blanche, de requins de récif, de thons, de l'inévitable tortue géante, et même de cobias de 1,50 mètre de long. Un autre grand site, Windmill, est situé à l'extrémité nord-est de Pamalican, face à Concepcion Island. Si le récif descend jusqu'à 36 mètres, nul n'est besoin de s'aventurer aussi profondément pour en contempler la beauté naturelle.

D'autres sites de plongée se trouvent plus au sud, dans le parc marin du récif de Tubbataha, mais ils ne sont accessibles qu'en bateau de croisière-plongée. Toutefois, ceux de Pamalican n'ont pas grand-chose à leur envier et si vous ajoutez la beauté inouïe de la plage, l'hôtel fantastique, le service impeccable et la totale intimité, vous réaliserez vite que vous avez fait le bon choix.

indonésie

L'Indonésie, le plus grand archipel du monde, comprend plus de 18 000 îles. Un tiers d'entre elles est inhabité et la plupart n'abrite qu'un ou deux villages de pêcheurs. Cependant, l'Indonésie est un des pays les plus peuplés de la planète, avec une population de plus de deux cents millions d'habitants, inférieure de seulement 20 % à celle des États-Unis.

Indépendante depuis 1949, l'Indonésie est un amalgame de nombreuses provinces, qui ne s'est engagé que récemment sur la voie de la démocratie. Bali est pratiquement un pays dans le pays, une île hindouiste, dans une nation à majorité musulmane, et sa civilisation figure parmi les plus intéressantes au monde. Que vous séjourniez sur la côte ou sur les collines d'Ubud, vous plongerez dans les traditions de cette île mystique : de nombreuses fêtes sacrées se déroulent tout au long de l'année et l'île entière est imprégnée d'encens et jonchée de pétales de fleurs. Pour couronner le tout, vous pouvez séjourner dans des hôtels luxueux et élégants. Visiter l'Indonésie sans faire un détour par Bali est tout simplement inconcevable.

À partir de Denpasar, la capitale, carrefour majeur de la région que l'on rallie facilement depuis Singapour ou Bangkok, vous pourrez rejoindre l'île de Moyo où se trouve l'hôtel Amanwana, puis sillonner les eaux d'une beauté éblouissante du parc national de Komodo à bord du mythique Silolona.

L'île perdue de Moyo couvre environ 1 000 hectares et abrite 8 petits villages, avec une population totale d'à peine 2 000 habitants. Niché dans une baie sur la côte ouest, l'hôtel Amanwana est un refuge isolé qui propose une vingtaine de « tentes ». En réalité, il s'agit d'une interprétation moderne et luxueuse de cet habitat, conçue par un architecte belge pour contourner la réglementation locale interdisant la construction de structures hôtelières permanentes.

hôtel amanwana

Quelle intuition géniale a poussé le groupe Amanresorts à acheter cette baie et à construire un hôtel sur cette île perdue ? Nous ne le saurons sans doute jamais, mais nous devrions tous lui en être reconnaissants. Un hydravion vous transporte directement depuis Bali et vous dépose au débarcadère de l'hôtel. Mais vous pouvez aussi prendre un vol privé direct en hélicoptère depuis Bali. Dès votre arrivée, la magie vous ensorcelle.

Cerné par une forêt tropicale dense, l'hôtel se dresse dans une grande clairière où la nature a été domptée. Des oiseaux invisibles s'interpellent en permanence, tandis que des macaques farceurs se poursuivent allégrement, rebondissant de temps à autre sur le toit de votre tente. Si votre dernière expérience sous une tente est un cauchemar que vous souhaitez oublier, l'hôtel Amanwana vous fera changer d'avis. Les élégantes structures en dur surmontées d'un immense toit de toile ressemblent suffisamment à une tente pour rassurer les autorités de l'île, mais, n'ayez crainte, vous n'aurez pas l'impression de faire du camping ! Vous avez le choix entre les tentes Oceanfront et les tentes Jungle ; les deux sont exceptionnelles, mais n'hésitez pas à payer un peu plus cher pour profiter de l'intimité et des vues imprenables qu'offrent les premières. Toutes les tentes possèdent le même ameublement : un lit immense protégé par

en bref

Aéroport	Denpasar
Compagnies	Cathay Pacific, Singapore Airline Thai Airways
Transfert	1 h par avion
Hébergement	20 tentes (toutes climatisées)
Staff ratio	8
Activités	trekking, snorkelling, kayak, planche à voile, voile, pêche au gros, piscine, spa
Services	téléphone, télévision, salon de DVD, salon de musique avec lecteur de CD, room service
Enfants	tous âges
Courant	prise ronde à deux fiches
Monnaie	roupie indonésienne
GMT	+8
Site Internet	www.amanresorts.com
Réservations	www.plongee-chic.com

une moustiquaire, une luxueuse salle de bain ouverte avec un lavabo à doubles vasques et de grands espaces de rangement, un bureau, deux canapés, parfaits pour une petite sieste, mais également pour y faire dormir les jeunes enfants. Une carte de l'île en coton, des sarongs, des coupes de fruits exotiques, des chapeaux de soleil et des paniers tissés vous sont offerts gracieusement.

Pour les repas, vous n'avez que l'embarras du choix : le déjeuner est servi au bord de la piscine ou dans le pavillon-restaurant au toit de chaume. Le menu, simple, change tous les jours et vous laisse choisir entre des plats occidentaux et des spécialités locales (si vous n'aimez pas la cuisine trop épicée, demandez que l'on réduise la quantité de piments). Le soir, vous pouvez dîner au restaurant, ou, pour un petit supplément, garder les pieds dans le sable à côté de votre tente, devant un feu de camp autour d'une table entourée de lampes-tempête, face au soleil couchant.

À première vue, il n'y a pas grand-chose à faire en dehors de la plongée, du snorkelling ou du farniente, mais l'hôtel propose quelques activités : croisières en catamaran, randonnées guidées dans la jungle et, expérience inoubliable, une excursion aux chutes d'eau de l'île. Vous vous rendrez en bateau au village de pêcheurs, puis partirez en safari à bord d'une jeep décapotable (n'oubliez pas d'emporter un chapeau et un écran solaire). Vous continuerez à pied dans la forêt tropicale pour vous baigner dans des bassins de calcaire alimentés par des cascades aux eaux transparentes et fraîches. En fin de journée, offrez-vous le plaisir d'un massage relaxant dans l'une des salles de soins en pierre du Jungle Cove.

L'hôtel Amanwana ne propose pas un séjour à la plage traditionnel. Le sable est composé de corail broyé grossièrement et la marée basse révèle un fond marin rocailleux. En revanche, l'eau totalement transparente et la température toujours idéale font de l'endroit un paradis du snorkelling (vous pouvez aussi vous contenter de laisser les poissons venir à vous sur le ponton lors de la séance de « fish feeding » de 15 h). Séjourner dans cette île perdue donne le sentiment d'être un aventurier, même dans un hôtel si parfait.

Le centre de plongée est situé à mi-chemin entre le restaurant principal et le débarcadère où toutes les sorties commencent et s'achèvent. Les installations sont très simples. Il y a une belle salle de cours et deux douches extérieures particulièrement chic. À moins d'être venu pour apprendre la plongée, vous n'aurez plus à vous rendre au centre une fois votre équipement choisi parmi le matériel proposé.

le centre

La flotte du centre ferait presque penser à une armada. Le choix est difficile : un rapide *Boston whaler* de 8 mètres ou une pirogue à balancier traditionnelle de 14 mètres, beaucoup plus lente. Le *Boston whaler* convient aux sites les plus distants et la pirogue à balancier, avec un vaste espace ombragé et un solarium, est idéale pour rejoindre tranquillement les récifs locaux. D'autres embarcations servent pour d'autres occasions.

L'équipe de plongée est excellente et, si la chance vous sourit, Kaz vous fera découvrir les récifs. Véritable « guide de brousse » sous-marin, il est capable de repérer des curiosités à une distance stupéfiante. Souvent sa corne retentit et, alors que vous nagez vers lui, il est déjà reparti vers un autre endroit où il a aperçu une chose intéressante, un poisson-crapaud camouflé ou un minuscule nudibranche. En plongeant avec Kaz, vous ne manquerez jamais la moindre scène d'action.

Même si l'hôtel Amanwana est complet, ce ne sera jamais le cas au centre de plongée où vous pouvez vous retrouver à deux, avec un ou même deux instructeurs. Pendant combien de temps encore les plongeurs du monde entier méconnaîtront ce secret jalousement gardé ? Profitez-en tant qu'il en est encore temps !

en bref

Bateaux	8 m et 14 m
Taille du groupe	4
Instructeurs	4
Langues	anglais
Cours	PADI (tous niveaux)
Enfants	12 ans et +
Autres	location d'ordinateurs et d'appareils photos, boissons et repas, préparation et nettoyage de l'équipement

La qualité des coraux de l'île de Moyo pourrait rendre jalouse la Grande Barrière australienne elle-même. De plus, les sites présentent une incroyable biodiversité, véritable matrice de vie subaquatique. Les sites sur les récifs sont époustouflants, les autres sont accessibles lors de sorties à la journée. Mais, où que vous alliez, vous trouverez des zones préservées dans lesquelles vous ne serez pas bousculé par d'autres plongeurs.

ci-dessus
Les récifs autour de l'île de Moyo se caractérisent par un exceptionnel foisonnement de vie.

la plongée

en bref

Sites	15
Niveau	facile à avancé
Visibilité	+ de 30 m
Musts	Panjang Reef
Snorkelling	très bon sur le récif attenant à la base, excellent depuis le bateau de plongée ; possibilité de snorkelling de nuit
Combinaison	3 mm
Coraux	superbes
Faune	murènes ruban bleu, poissons-crapauds, poissons-feuilles, nudibranches, raies mantas, requins-baleines, poissons-lunes, requins à pointe blanche et requins gris de récif, bancs de carangues, poissons-fantômes arlequins, hippocampes, sépioles, poissons-crocodiles
Autres	plongées nocturnes et sur épaves, caisson hyperbare à Bali (à 2h)

L'un des meilleurs sites de l'île de Moyo se trouve à quelques minutes de l'hôtel Amanwana. Vous serez surpris par le caractère très particulier de Panjang Reef et aurez du mal à choisir un sujet à photographier tant il y a de choses à voir. Les récifs regorgent de champs de coraux durs – coraux-choux-fleurs, coraux-corne de cerf, éponges-baril, gorgones, éponges-oreille d'éléphant – et il n'y a aucun signe de blanchissement des coraux.

Tous ces coraux sont recouverts d'une paroi de vie marine ondulante. Vous rencontrerez poissons-crapauds, nudibranches, murènes ruban bleu, grandes murènes brunes, poissons-lions de toutes tailles, poissons-scorpions, poissons-feuilles, requin à pointe blanche, ainsi qu'une pléthore d'autres espèces. Le récif, ancré à 50 mètres, s'élève jusqu'à 5 mètres de la surface. On peut ainsi profiter pleinement de son temps de plongée.

Le snorkelling est de grande qualité tout près de la plage ou depuis un bateau. Pour les audacieux, le centre organise des sorties nocturnes et si vous n'avez jamais pratiqué ce type de plongée, Moyo est l'endroit idéal pour débuter. À partir de la plage de l'hôtel, un trajet de 5 minutes en bateau vous conduit jusqu'à un vieux ponton et sur l'épave d'un navire en bois. Là, dans une mer calme

ci-contre, image principale
Il y a tant à voir que les petites créatures échappent à l'attention. Pourtant, on a toujours de bonnes surprises quand on recherche ces êtres minuscules, particulièrement dans les anémones.

ci-contre, de haut en bas
Lors des plongées nocturnes toutes sortes d'espèces inhabituelles se manifestent le poisson-scorpion à houppes est un maître du camouflage : ses épines dorsales sont venimeuses, mais il n'y a rien à craindre tant qu'on ne les écrase pas un couple de poissons-lézards voraces à l'affût d'une proie

à gauche
Il ne s'agit pas d'un jabot, mais d'un nid d'œufs de nudibranches.

ci-dessous, à gauche
Le saviez-vous ? Certains nudibranches peuvent atteindre la taille d'une assiette !

ci-contre, de gauche à droite, de haut en bas
Les nudibranches se nourrissent sur les éponges de couleurs identiques aux leurs, échappant ainsi à leurs prédateurs ; le poisson-scorpion feuille se fond dans l'environnement en prenant l'aspect d'algues oscillant dans le courant ; ce poisson-crapaud est invisible à grande profondeur, car sa couleur s'adapte à celle du substrat ; la magnifique murène ruban bleue change de couleur quand elle change de sexe.

et peu profonde, vous rencontrerez des petits poissons-fantômes arlequins, des balistes géants coincés dans leur antre, des poissons-perroquets, des poissons-scorpions, des murènes à tête jaune, et même un groupe de bébés murènes. Vous croiserez également des nudibranches de la taille d'une assiette, une stupéfaction : en général, les nudibranches dépassent rarement quelques centimètres, mais ceux-là, presque noirs (certains avec un motif blanc), mesurent 30 centimètres et plus de diamètre.

Il y a d'autres sites de plongée autour de l'île de Moyo, tous passionnants pour des raisons diverses : Tanjung Menagis pour son extraordinaire jardin de coraux mous, ses poissons-licornes, ses requins à pointe argentée et ses requins à pointe blanche ; Angel Reef pour ses carangues géantes, idoles maures et vivaneaux rouges ; et le Wreck (l'épave), un bateau de pêche échoué, difficile à trouver, qui abrite poissons-scorpions géants, poissons-lions, poissons-crocodiles, poissons-coffres, nudibranches, squilles et poissons-fantômes arlequins.

Il est impossible de tout voir durant un court séjour sur l'île de Moyo : les raies mantas, les tortues vertes et les tortues à écailles, les poissons-lune, les espadons, les requins-baleines... toutes les espèces phares sont là.

Portant le nom d'un navire mythique d'une légende indonésienne, le Silolona est une idée de Patricia Seery, une Américaine installée en Indonésie. Sa détermination lui a permis de réaliser son rêve en alliant son savoir-faire de la construction navale traditionnelle à la technologie moderne. Le résultat est une embarcation de 50 mètres frôlant la perfection et idéale pour pratiquer la plongée, le snorkelling ou visiter les îles Komodo.

silolona

yacht

silolona

Le Silolona est un *phinisi*, une embarcation dont la construction est l'apanage d'une tribu perdue dans les mangroves marécageuses de l'île de Kalimantan, au nord de Bornéo. La construction du bateau dura trois ans et on utilisa le bois dur de la forêt locale. Sa structure donne l'impression d'être à bord d'un vieux navire qui disposerait de tout le confort moderne, depuis l'air conditionné jusqu'à l'eau chaude à volonté.

Le salon jouit d'une vue panoramique et ouvre sur le vaste pont en bois de teck, régulièrement lavé à grande eau pour le maintenir frais (ainsi que vos pieds). Avec ses banquettes, sa salle à manger intime et son écran plasma où défileront vos « exploits », il permet une retraite parfaite en cas de mauvais temps. Le plus souvent, vous dînerez sur le pont avant, ou sous le dais aménagé à la poupe, d'où vous contemplerez, allongé sur des coussins, les îles autour de Komodo à l'horizon.

Vous dormirez sous le pont dans l'une des 5 cabines portant le nom de certaines des îles qui composent l'archipel indonésien : Bornéo, Bali – la meilleure –, Java, Asmat et Sumba. Toutes sont spacieuses et également confortables, avec des intérieurs élégants, un grand lit double, une salle de douche magnifiquement équipée et de bonnes

en bref

Aéroport	Denpasar
Compagnies	Cathay Pacific, Singapore Airline Thai Airways
Transfert	3 mn en bateau depuis l'Amanwa
Hébergement	5 cabines climatisées
Staff ratio	2
Activités	visite des îles
Services	massages
Enfants	tous âges
Courant	prise ronde à deux fiches
Monnaie	roupie indonésienne
GMT	+8
Site Internet	www.amanresorts.com
Réservations	www.plongee-chic.com

lampes de lecture. L'installation récente de générateurs dernier cri a réduit au stric minimum le bruit et les vibrations.

Le service et la cuisine sont les points d'orgue de cette symphonie. L'équipage se compose de plus de 16 membres, tous originaires du pays, qui sont absolument ravis de vous rendre la vie aussi agréable que possible. Quant à la cuisine, vous avez le choix entre des plats locaux ou occidentaux, suivis de délicieux desserts.

Une traversée de nuit vous conduira directement au cœur du parc national de Komodo, qui évoque *Jurassic Park*. Sur place, vous choisirez votre activité : plongée, snorkelling ou une incontournable excursion sur l'île de Komodo. C'est l'un des deux seuls endroits au monde où vous pourrez voir l'extraordinaire varan, ou dragon de Komodo, qui peut dépasser les 3 mètres de long et dont les bactéries contenues dans la salive sont si virulentes qu'elles provoquent la mort au bout de quelques jours. On raconte qu'un touriste allemand a disparu ne laissant derrière lui que sa caméra ! C'est une expérience unique que d'observer ces monstres dans leur habitat naturel, avec pour seule protection un garde forestier muni d'un seul bâton de 2 mètres.

La croisière standard dure 5 jours, il existe en outre un forfait incluant 2 nuits à l'hôtel Amanwana. Il aussi est possible de louer ce bateau pour une croisière privée. Une semaine entière ne serait, de toute façon, pas suffisante pour profiter d'un tel navire et de tels paysages. Sans parler des plongées – la meilleure partie du voyage – tout simplement fabuleuses !

Le parc national de Komodo abrite certains des plus beaux sites de plongée au monde, avec plus de 1 200 espèces de poissons et 250 types de coraux – et la liste s'allonge régulièrement. La biodiversité est extraordinaire, depuis la rarissime pieuvre mimique jusqu'aux baleines tueuses des mers chaudes. La plupart des espèces ne craignent absolument pas les plongeurs.

ci-dessus
La raie manta est une habituée des eaux de Komodo. On a même vu ici des baleines tueuses des mers chaudes.

la plongée

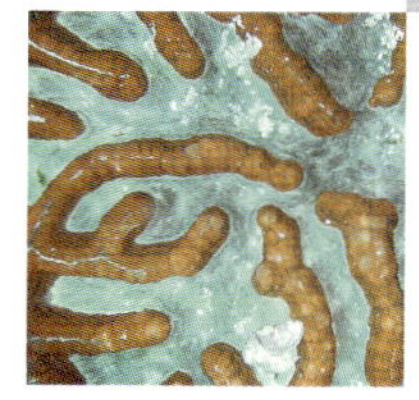

Komodo est à la fois un parc national et une réserve marine, et les autorités veillent à ce que la réglementation soit respectée, malgré la prédilection des autochtones pour la pêche à la dynamite. Les récifs sont dans un état florissant et certains sont recouverts, sur des hectares, par des coraux corne de cerf en parfait état. Des nuées de poissons circulent dans vos bulles d'air, tandis que des tortues curieuses viennent vous effleurer.

La réserve marine est partagée en deux zones très différentes, au nord et au sud, et le Silolona les visite toutes deux, selon la saison. Au nord, les eaux chaudes, claires et turquoise permettent des plongées agréables avec une formidable visibilité. En voguant vers le sud, à une dizaine de kilomètres, la température de l'eau passe soudainement d'un 30° plaisant à un 19° paralysant, et des vagues de plancton font chuter la visibilité. L'île Komodo se trouve dans la zone qui sépare l'océan Indien de l'océan Pacifique. Cette constante houle d'eaux froides, riches en nutriments originaires surtout de l'Antarctique, est responsable de cette fabuleuse biodiversité. Il est essentiel d'être accompagné d'un guide hautement expérimenté, car les courants puissants peuvent se révéler dangereux. Les instructeurs du Silolona ont toutes les qualifications requises.

en bref

Niveau	facile à avancé
Visibilité	+ de 30 m
Musts	Tatawa Besar, Tatawa Kecil, Gili Lawa Laut, Cannibal Rock, Ikelite Reef, Highway to Heaven, Castle Rock
Snorkelling	superbe
Combinaison	3 mm au nord, 5 mm au sud
Coraux	excellent état
Faune	poissons-crapauds, poissons-feuilles, nudibranches, raies mantas, requins-baleines, requins gris de récif, bancs de carangues, poissons-fantômes arlequins, hippocampes pygmées, orques, sépioles, pieuvres mimiques, poissons perroquets
Autres	plongées nocturnes, parc marin, caisson hyperbare à Bali (à 2 h)

ci-contre, de gauche à droite, de haut en bas
Les anémones arborent une multitude de couleurs vives ; attention, collectionneurs de coquillages, les porcelaines sont beaucoup plus belles vivantes que mortes, quand leur magnifique parure enveloppe leur coquille ; ce délicat crabe porcelaine est protégé des tentacules vénéneux d'une anémone par un manteau de mucus ; le poisson-clown entretient une relation symbiotique avec les anémones en leur apportant de la nourriture et en se nourrissant lui-même des restes.

ci-contre, de gauche à droite, de haut en bas
Un poisson-scorpion feuille vu avec une lampe-torche ; ce poisson-lion peut se mouvoir à une vitesse incroyable pour échapper à un prédateur ; les récifs du parc national de Komodo abritent requins, dauphins, baleines, lamantins et tortues. Ils restent en général très peu fréquentés.

à droite
Le parc national de Komodo est classé au Patrimoine mondial. La pêche intensive et à la dynamite y sont interdites. L'état de ses récifs est excellent.

en bas, à droite
Regardez bien : contrairement aux apparences, il n'y a pas un, mais deux poissons-crapauds sur cette photo.

Deux sites méritent une mention spéciale et ne présentent, a priori, pas de difficultés majeures. Le premier, Tatawa Besar, est un récif totalement vierge orné de coraux mous et de coraux durs. À quelques encablures, une petite plage de sable blanc est idéale pour le déjeuner. N'oubliez pas d'emporter une lampe torche pour illuminer les extraordinaires couleurs, particulièrement celles des coraux mous. Le nombre de poissons à observer est presqu'infini, aussi serait-il inutile de tenter d'en dresser ici la liste.

Le second site est Tatawa Kecil. Même s'il n'abrite pas de coraux mous aux couleurs vives, vous profiterez du spectacle de nuées de petits poissons surgissant des champs de coraux corne de cerf. D'autres espèces peuvent être plus imposantes, les raies mantas notamment ou, plus rare, l'étonnante raie manta noire qui vient parfois se nourrir ici. Si le plancton diminue fortement la visibilité, il attire aussi diverses espèces – thons, thazards-bâtards, perroquets à bosse, napoléons géants, requins-baleines et autres requins. D'autre part, ce petit récif est balayé par des courants rapides qui attirent les prédateurs et expliquent cette abondance de vie. Une extrémité du site est perturbée par de formidables courants, mais l'autre peut être explorée plus facilement.

Là encore, la compétence de votre instructeur est un élément essentiel, car certaines de ces plongées peuvent être dangereuses. Tout le monde ici trouvera son plaisir : depuis les snorkellers dans les baies tranquilles jusqu'aux plus audacieux pour une plongée dérivante à arracher le masque ; depuis la rencontre avec le dragon de Komodo à vous donner des frissons jusqu'aux journées de farniente. Vivre tout cela à bord d'un bateau est une expérience hors du commun.

On ne peut faire plus exotique comme emplacement : l'île où se trouve l'hôtel est une perle à la pointe sud de Sulawesi, dans la mer de Banda en Indonésie. Pour y arriver, on est obligé de passer par Bali, ce qui n'est pas exactement une épreuve. Ce serait même plutôt une superbe excuse pour un court séjour notamment à l'Amankila, qui est le seul lieu, à ma connaissance, où l'on peut faire des rencontres quasi garanties avec le poisson-lune.

île onemobaa

hôtel wakatobi

Le passage par Bali peut être fait avant ou après le séjour proprement dit, mais je conseillerais plutôt de le faire au retour et donc de se rendre directement à Wakatobi, qui propose des séjours de sept ou dix jours exclusivement. Le manque de flexibilité sur les horaires et les dates est dû au fait que l'on doit prendre un avion privé depuis Bali (90 minutes) car il n'existe pas de ligne régulière. Après avoir atterri au milieu de nulle part, il reste encore un trajet en bateau de 15 minutes pour arriver sur l'île proprement dite.

L'hôtel Wakatobi a été construit sur l'île Onemobaa en 1995. Au départ ce n'était qu'un simple lieu réservé aux amoureux de la plongée affichant clairement son statut écolo, et dont l'accessibilité aurait découragé les plus aventureux. La plongée étant devenue un hobby chic, le Wakatobi a fait de même, et on pourrait presque le qualifier de boutique-hôtel aujourd'hui. De tous les lieux présentés dans ce livre, c'est celui qui s'approche le plus du « dive resort », un hôtel spécialisé dans la plongée.

Quasiment toutes les chambres donnent sur la plage de sable blanc. Un bâtiment tout en longueur, qui contenait à l'origine toutes les chambres, domine l'endroit et n'abrite plus qu'un petit spa, une

en bref

Aéroport	Denpasar
Compagnies	Cathay Pacific, Singapore Airlines, Thai Airways
Transfert	30 mn d'avion puis 10 mn de bus et 15 mn de bateau
Hébergement	22 chambres et 4 villas
Staff ratio	3+
Activités	kayaks, paddle board, excursions, ping pong, volley ball
Services	wi-fi, spa, boutique
Enfants	tous âges (garde possible)
Courant	britannique à trois fiches
Monnaie	roupie indonésienne
GMT	+8
Site Internet	www.wakatobi.com
Réservations	www.plongee-chic.com

boutique et le centre de plongée. Il n'y a que 26 chambres, des bungalows donnant sur le jardin et 4 nouvelles villas qui sont vraiment à part, au sens propre comme figuré. Elles sont construites sur une paroi rocheuse perchée à quelques mètres au-dessus de la mer. On y accède en empruntant un petit escalier, qui mène également directement à la plage.

À une courte distance se trouve la salle de restaurant qui fait face à la plage. Compte tenu de l'isolement de l'endroit, on ne peut que souligner l'excellence de la nourriture. Le petit-déjeuner peut être servi dans la chambre, mais tous les autres repas sont pris au restaurant. Bien souvent vous vous retrouverez à partager votre table, mais si vous préférez un peu d'intimité il suffit de demander votre propre table ou bien de profiter d'un dîner préparé spécialement pour vous sur la plage. Un passage au bar de la jetée, perché au-dessus des eaux transparentes, est un bon point de départ pour la soirée.

La concentration de vie ici est telle qu'elle peut surgir littéralement de l'océan : ne soyez donc pas surpris de découvrir, la nuit, des serpents marins venus faire un somme dans le sable.

Wakatobi est un peu une énigme, à la fois boutique-hôtel et « dive resort » de luxe. L'atmosphère y est d'une décontraction incroyable, le service toujours impeccable. Vu la situation géographique, c'est un vrai tour de force d'avoir réussi à créer un établissement d'une telle qualité. Sans l'implantation de cet hôtel et sa contribution au développement local, les récifs des environs auraient sûrement fini par disparaître à coups de dynamite...

WAKATOBI . VI
GT . 24 No. 357 / LLn.
WAKATOBI . V
WAKATOBI.III

Le centre est installé dans le bâtiment tout en longueur, face à la jetée. C'est là que l'on se rassemble avant chaque plongée pour un briefing. À l'arrivée, on vous donnera le numéro du bateau (Wakatobi 1 à 8) sur lequel vous ferez toutes vos plongées, jusqu'à la fin de votre séjour. Le système ne pourrait être plus simple : il suffit de vérifier le tableau au moment de quitter la salle de restaurant pour connaître le lieu et l'heure du briefing.

le centre

Si vous n'avec pas envie d'aller sur le bateau avec les autres plongeurs, il suffit de plonger sur le récif devant l'hôtel, en solo. On vous indiquera le meilleur endroit pour commencer l'exploration et, en suivant le courant, vous dériverez le long de ce qui doit être certainement un des plus beaux *house reefs* au monde. Les points de sortie sont clairement indiqués. Normalement vous devriez atterrir dans les bas-fonds juste en face de la salle de restaurant, et une fois sur la terre ferme, comme par magie, des membres du personnel apparaîtront pour vous débarrasser de vos bouteilles. Une expérience sensationnelle à répéter sans problème. Si vous n'avez jamais plongé seul, c'est l'endroit idéal pour commencer : impossible de se perdre et la plongée est superbe. Vous pouvez également demander à avoir votre propre moniteur.

Si l'hôtel ne vous suffit pas, il est possible de réserver une cabine à bord du luxueux yacht de 30 mètres du Wakatobi, le *Pelagian*, qui vous emmènera vers les récifs plus lointains. Dans tous les cas, vous ne serez pas déçu.

Et, après la plongée, tout le monde partagera un verre, une noix de coco fraîche et des gâteaux tout juste sortis du four.

en bref

Bateaux	18 m et 30 m
Taille du groupe	4
Instructeurs	15
Langues	anglais
Cours	Nitrox pour la plupart, avancé et technique
Enfants	12 ans et +
Autres	location d'ordinateur, préparation et lavage du matériel, plongées de nuit, guide particulier,

ci-dessus
Les coraux, durs et mous, sont intacts.

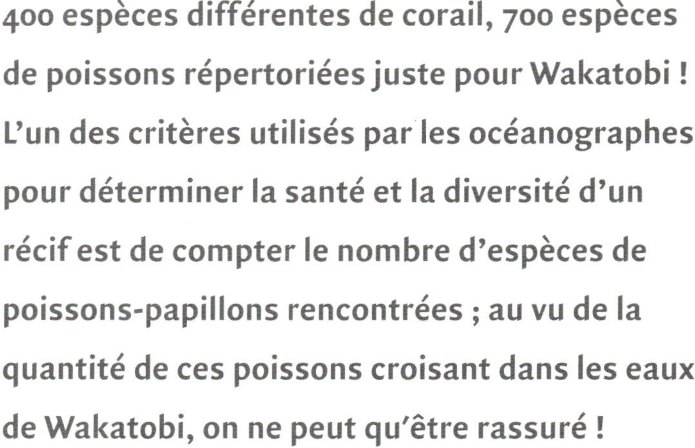

400 espèces différentes de corail, 700 espèces de poissons répertoriées juste pour Wakatobi ! L'un des critères utilisés par les océanographes pour déterminer la santé et la diversité d'un récif est de compter le nombre d'espèces de poissons-papillons rencontrées ; au vu de la quantité de ces poissons croisant dans les eaux de Wakatobi, on ne peut qu'être rassuré !

à droite
Une crevette-mante monte garde devant sa tanière, bi[en] équipée avec sa pince, une arme très puissante.

ci-dessus
Le poisson-ballon est sûrement l'un des plus gros poisson de ces récifs.

à droite
De beaux poissons-clowns, ornent chaque anémone.

la plongée

La majorité des plongées a lieu soit sur le récif qui borde l'île de Lintea, ou encore plus près de Wakatobi. Dans ces eaux limpides, la visibilité peut atteindre les 45 mètres. La plupart des plongées sont très paisibles, même si l'on dérive un peu. Une seul ombre au tableau : les bateaux font certes très attention à bien suivre les plongeurs mais le ronronnement constant de leur moteur ne cadre pas avec la beauté préservée de l'environnement sous-marin.

Aucune plongée ne surpasse les autres, il s'agit simplement de sillonner les récifs à la recherche des espèces exotiques qui ont élu résidence à Wakatobi. Si vous espérez croiser des gros poissons, vous serez déçu : peut-être un requin, quelques belles tortues voire des poissons-perroquets à bosse ou une raie-aigle. Mais le récif est si fascinant qu'il éclipse presque la faune qui y vit.

Les guides sont obligés d'être des explorateurs sous-marins (ce dont ils s'acquittent très bien). On en a la preuve lorsqu'on croise pour la première fois une espèce comme le poisson-fantôme moucheté. Votre guide aura beau pointer quelque chose de son doigt à quelques centimètres, au premier abord vous serez convaincu qu'il s'agit d'une feuille, jusqu'à ce que votre cerveau enregistre que vous observez en fait un être vivant.

en bref

Sites	+ de 40
Niveau	facile à avancé
Visibilité	30 m
Musts	toutes les plongées
Snorkelling	excellent sur le récif local, exceptionnel depuis le bateau.
Combinaison	3 mm
Coraux	en parfait état, dur et mou
Faune	raies-aigles, poissons-perroquets à bosse, murènes ruban bleu, poissons-feuilles, poissons-crocodiles, nudibranches, poissons-mandarins, poissons-grenouilles, hippocampes pygmées, crevettes-mantes, sépioles, pieuvres à anneaux bleus, baleines-pilotes
Autres	caisson hyperbare à Bali, plongées de nuit

ci-dessus
L'étonnant poisson-fantôme délicat, dans une lueur verte inhabituelle.

à droite
Ces coraux mous de toutes le[s] couleurs font penser à un éta[l] de fleuriste.

ite
écifs, superbes, figurent
les mieux conservés
nésie.

à gauche
Les poissons-crocodiles sont littéralement partout.

ci-contre, en haut, à gauche
Un gracieux poisson-fantôme arlequin.

ci-contre, en haut, à droite
Le poisson-fantôme feuille se déplace comme son nom l'indique, à tel point qu'il est presqu'impossible de le différencier d'une algue.

ci-contre, en bas
Que dire devant des coraux aussi beaux ? Et il y en a sur des kilomètres...

à gauche
Les murènes ruban bleu sont nombreuses.

à gauche, en bas
Des nudibranches aux innombrables couleurs.

ci-contre, de gauch droite, de haut en b
Des poissons-mandarins aux couleurs vives, peut-ê les plus beaux poissons a monde ; les rascasses sor omniprésentes et quasim impossibles à voir, ce qui encourage à ne pas touch le récif ; une cigale de me un gobie jette un œil dep son refuge .

L'un des êtres les plus recherchés de la faune marine est très certainement l'hippocampe pygmée. Il y en a ici profusion. La difficulté est d'arriver à les voir car certains font littéralement la taille d'un grain de riz et sont de la même couleur que les gorgones dans lesquelles ils vivent, ce qui les rend quasiment invisibles. N'ayant pas de paupières, ils ne peuvent supporter que très peu de flashs avant de se précipiter hors du récif, peut-être vers leur mort. La prudence s'impose donc.

Il y a également profusion de nudibranches, des poissons-clowns, dont certains spécimens très gros qui ressemblent à des poissons de dessins animés. Tous les habitants traditionnels du récif sont là en abondance : poissons-scorpions feuilles, rascasses, poissons-crocodiles, bancs de poissons-perroquets à bosse, murènes-ruban bleu... Quasiment toutes les plongées se terminent au palier des 5 mètres, devant des coraux d'une qualité extraordinaire.

Il n'y a pas assez de place ici pour décrire tous les sites. Au vu des connaissances des guides de plongée, vous pouvez leur faire entièrement confiance et plonger n'importe où : vous ne serez jamais déçu.

ite
raux de toute beauté.
ongée inoubliable.

ntre, de gauche à
e, de haut en bas
ène-ruban bleu
e de sexe en même
que de couleur ;
t-Graal de la
graphie sous-marine,
les nombreuses
es d'hippocampes
es : environ la taille
rain de riz et
sible à distinguer
habitat sans lumière ;
re magnifique
ranche ; ce calmar
d parfaitement dans
il aux couleurs vives.

la plongée en bref

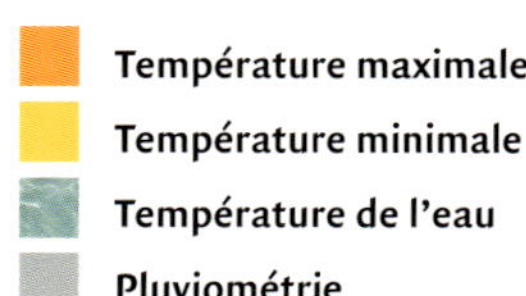

australie

Les saisons sont inversées par rapport à l'hémisphère nord. Les hauteurs de précipitation ci-dessous concernent Cairns, le climat de Lizard Island étant plus sec. N'allez pas à Lizard Island uniquement pour observer les baleines et les raies mantas, car elles ne sont pas toujours au rendez-vous. Les splendides coraux valent à eux seuls le déplacement.

fidji

Les Fidji se trouvant au sud de l'Équateur, les saisons sont inversées par rapport à l'hémisphère nord, et la saison des pluies court de décembre à avril. Les hauteurs de précipitation concernent l'île principale ; les îles périphériques, comme Vatulele, reçoivent moins de pluies.

polynésie française

Si vous recherchez un Noël ensoleillé, ne venez pas dans ces îles car c'est la saison des pluies. Les données météorologiques concernent Bora Bora et les îles de la Société ; Tikehau est moins pluvieuse.

costa rica

La période de mai à novembre correspond à la saison des pluies (habituellement ensoleillée le matin et pluvieuse l'après-midi), mais la mer est calme et c'est le meilleur moment pour séjourner aux îles Murciélagos et Catalinas. La visibilité atteint son maximum durant la saison sèche, de décembre à avril.

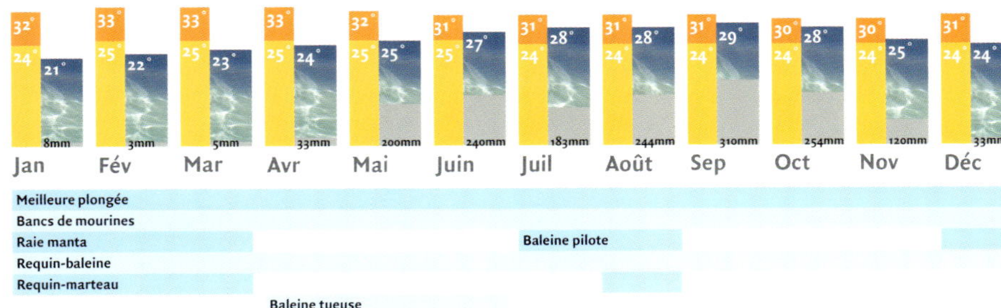

mexique

Gardez à l'esprit que la saison des cyclones s'étale du mois d'août au mois de novembre.

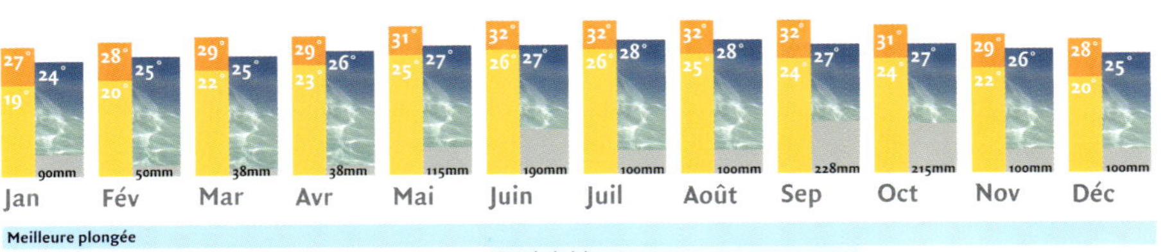

états-unis

Prenez garde au traditionnel « coup de froid » en Floride durant la période des fêtes de fin d'année.

belize

Le climat subtropical du Belize implique une humidité moyenne de 83 %, mais il est agréable grâce aux vents rafraîchissants. La plongée est formidable tout au long de l'année, mais, pour éprouver le grand frisson, plongeurs comme adeptes du snorkelling ne doivent pas manquer la saison des requins-baleines.

caraïbes

En août et en septembre, le climat peut être lourd, car c'est la saison des cyclones. Si vous embarquez à bord de l'*Agressor* pour observer les baleines, emportez une petite laine et un coupe-vent. Sachez que le voyage s'achève à Grand Turk, près du magnifique site de plongée d'Amanyara, dans les îles Turks et Caicos.

Meilleure plongée

Baleine à bosse (de février à mars seulement sur l'*Aggressor*)

Bancs de tarpons et de carangues

italie

Durant la haute saison, de juin à la fin du mois d'août, il est nécessaire de réserver à l'avance. Le mois de septembre offre un meilleur compromis : les eaux sont chaudes et la plupart des touristes sont repartis.

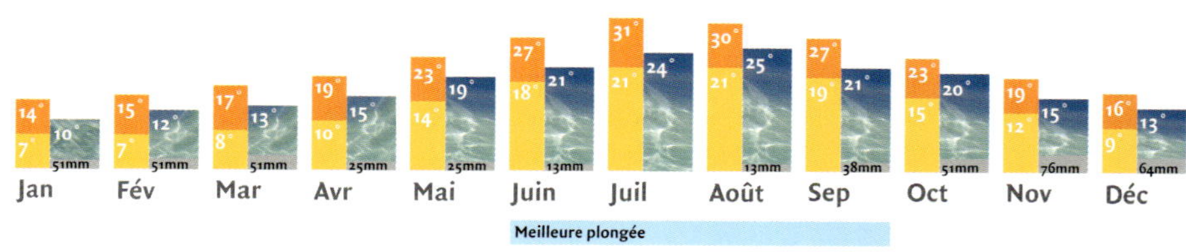

Meilleure plongée

égypte

Pour un soleil garanti, jetez un œil sur les hauteurs de précipitation ! Il fait très chaud en été, et si vous supportez la chaleur, sachez que c'est durant cette période que les poissons et les requins forment d'énormes bancs et que la plongée est à son zénith.

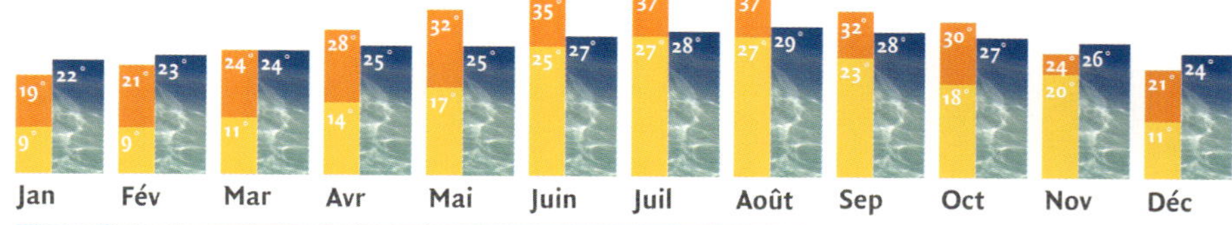

Meilleure plongée

Requin-marteau

Barracuda

Requin soyeux

oman

Le climat à Oman est très humide malgré une faible pluviométrie, surtout l'été où il fait très, très chaud. Il vaut mieux éviter la période du ramadan si vous souhaitez voyager dans la région.

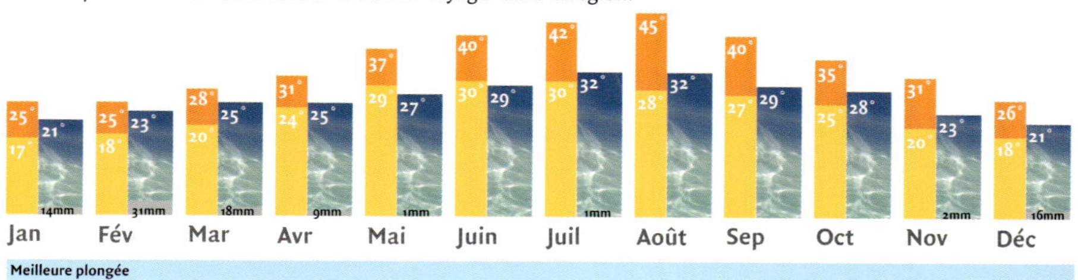

Meilleure plongée

tanzanie

La longue saison des pluies, qui s'étend de fin mars à fin mai, est assimilée ici à l'hiver. Au moment de réserver votre séjour, vérifiez qu'il vous sera possible d'effectuer quelques plongées par marée montante.

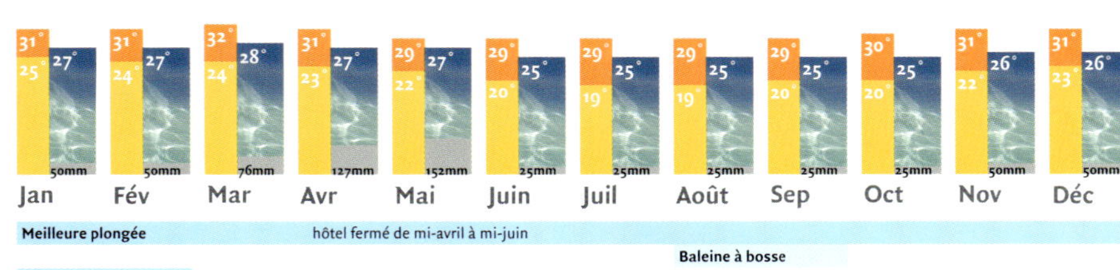

mozambique

Évitez les mois de février et de mars car il peut pleuvoir sans discontinuer. Les meilleures plongées ont lieu durant les marées de mortes-eaux. Vous ne trouverez des raies mantas et des requins-baleines qu'à Marlin.

seychelles

Les Seychelles étant proches de l'Équateur, les températures varient peu. Durant la saison des pluies, de novembre à avril, les précipitations, qui peuvent être importantes, ne durent jamais longtemps. Évitez juillet et août pour la pratique de la plongée. Pour l'observation des requins-baleines, il est préférable de séjourner sur l'île de Mahé.

maldives

Il y a deux saisons aux Maldives : la saison humide, de mai à novembre, où l'on peut admirer des raies mantas, mais où la visibilité est moins bonne ; et la saison sèche, de décembre à avril, où la visibilité est meilleure (idéale pour la photographie), où les courants sont plus forts et où il y a davantage de requins et de raies-aigles.

thaïlande

Évitez les changements de saison en octobre et en mai. Les îles Similan ne sont accessibles qu'entre novembre et avril. Pour profiter de la meilleure visibilité, évitez la nouvelle lune ; la demi-lune réserve de meilleures surprises. Si vous souhaitez observer des requins-baleines et des raies mantas, rejoignez en bateau Hin Deang et Hin Muang.

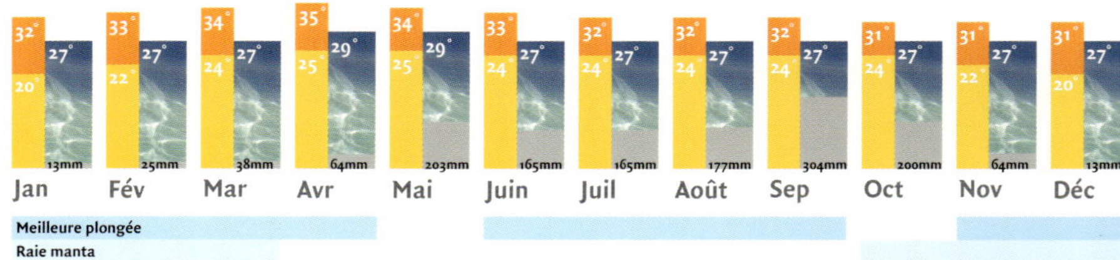

Meilleure plongée
Raie manta
Requin-baleine

philippines

C'est de mars à mai que les conditions climatiques sont les plus agréables. Toutefois, on peut venir ici tout au long de l'année, car l'une ou l'autre des deux côtes de l'île de Pamalican est toujours accessible à la plongée.

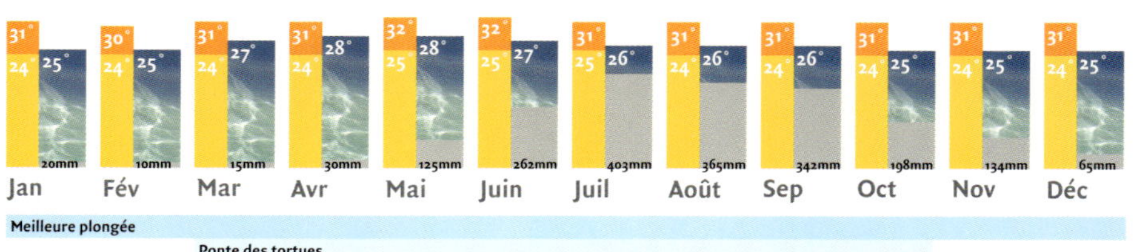

Meilleure plongée
Ponte des tortues

indonésie

Évitez la saison des pluies entre janvier et mars. La pratique de la plongée, toujours formidable, est exceptionnelle entre avril et octobre. Les données météorologiques concernent l'île de Moyo et le nord des îles Komodo, où la température de l'eau peut être de 8 degrés inférieure à celle du sud des îles.

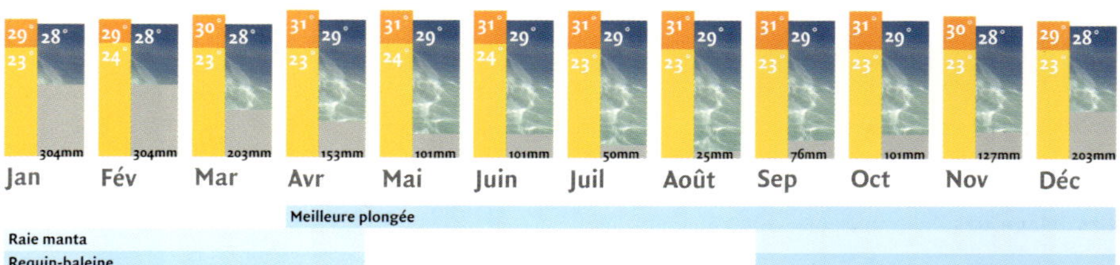

Meilleure plongée
Raie manta
Requin-baleine

La pluviométrie à Wakatobi est beaucoup plus faible que sur l'île de Moyo. Janvier et février puis juillet et août sont les périodes les plus agréables avec des températures élevées mais une brise rafraîchissante. Il pleut surtout de décembre à février mais de manière éparse. Il est donc possible de plonger à n'importe quel moment de l'année.

Meilleure plongée
Baleine pilote
Ponte des mérous
Baleine pilote

glossaire

Atoll île basse corallienne, en forme d'anneau, souvent bordée par un magnifique sable blanc.

Barrière grand système de récifs, habituellement situé à quelques kilomètres de la côte, formant une « barrière » au niveau de la mer et protégeant le littoral de la pleine mer.

Blanchissement corallien généralement causé, mais pas exclusivement, par des phénomènes comme El Niño, c'est un processus de décoloration des colonies coralliennes résultant soit de la perte des pigments des algues microscopiques (les zooxanthelles) qui vivent en symbiose avec les organismes hôtes (les polypes), soit de l'expulsion de ces mêmes zooxanthelles.

Bommie bloc rocheux indépendant qui s'élève du fond marin, mais ne fait pas partie d'un récif.

Caisson hyperbare enceinte fermée où l'on peut augmenter la pression interne par rapport à la pression atmosphérique. Ce type d'appareil est utilisé en milieu hospitalier afin d'y soigner les accidents barotraumatiques de décompression en plongée.

Certification Open water qualification nécessaire pour devenir plongeur certifié.

Combinaison plus l'eau est froide, plus la combinaison doit être épaisse. Pour la plupart des régions présentées dans ce livre, une épaisseur de 3 mm est généralement suffisante, à une ou deux exceptions près.

Détendeur appareil relié à la bouche qui délivre de l'air au plongeur à la pression ambiante.

Divers Alert Network (DAN) association à but non lucratif œuvrant pour la sécurité et la santé des plongeurs. Les membres bénéficient d'une assurance qui prend en charge tous les frais liés à un traitement sur place ou à un rapatriement en cas d'accident de plongée. Hautement recommandée.

Espèces pélagiques poissons vivant en pleine mer et non dans les récifs, comme le requin ou la raie manta.

Gilet de stabilisation ou « stabs », il s'agit de bouées en forme de gilet portant la bouteille, que le plongeur enfile et gonfle grâce à un tuyau branché sur le premier étage du détendeur.

Nitrox mélange respiratoire d'azote et d'oxygène qui permet des plongées plus longues à certaines profondeurs. Pour pouvoir plonger au Nitrox, il faut obtenir une certification.

Ordinateur de plongée appareil en forme de grosse montre ou de console qui joue à la fois le rôle de profondimètre (mesure de la profondeur actuelle et maximale atteinte), de décompressimètre (indique la saturation des tissus du corps humain) et de table de plongée immergeable.

PADI (Professional Association of Diving Instructors). La plus grande association de plongée au monde, et le système de certification le plus largement reconnu.

Parc marin zone où la vie marine est protégée par la loi.

Plongée dérivante plongée au cours de laquelle le bateau suit le plongeur qui « dérive » avec le courant, par opposition à la plongée qui consiste à nager dans une direction, puis à rebrousser chemin pour retourner au bateau.

Plongée sur tombant contrairement à la plongée au-dessus de coraux ou d'un fond sableux, la plongée sur tombant est un saut presque vertical dans le « grand bleu ». Le plongeur a ainsi les meilleures chances de rencontrer des espèces pélagiques de grande taille. Les meilleures plongées sont souvent des plongées sur tombant car on « vole » au-dessus des abysses.

Recycleur appareil qui permet de plonger sans bulles et sans bruit et de s'intégrer parfaitement dans l'univers marin. Une formation spéciale est requise.

Scaphandre autonome mis au point par Jacques-Yves Cousteau et Émile Gagnan en 1942, il se compose de bouteilles d'air sous pression reliées à un détendeur de gaz muni de valves qui apportent l'air au plongeur à la bonne pression.

informations pratiques

Dans cet ouvrage, vous trouverez pour chaque hôtel, centre de plongée ou site de plongée un encadré "En bref" qui synthétisent les principales informations pratiques. Vous trouverez ci-dessous une explication des termes utilisés :

Hôtel en bref

Aéroport Aéroport le plus proche de la destination.

Compagnies Principales compagnies aériennes desservant la destination.

Staff ratio Nombre d'employés par chambre. Théoriquement, plus il est élevé, plus vous serez choyé.

Enfants Indique si les hôtels acceptent les enfants et à partir de quel âge.

Prises de courant La plupart des hôtels met à disposition des adaptateurs mais il est parfois plus simple d'en prévoir avant le départ.

Réservations À chaque profil d'hôtel, le site www.plongee-chic.com est indiqué pour faciliter la réservation. Par ce contact, vous pourrez entrer en relation avec Ultramarina, tour-opérateur spécialisé dans les voyages de plongée sous-marine depuis 1986 qui dispose de plusieurs agences en France, en Suisse et en Belgique. L'équipe d'Ultramarina connaît parfaitement l'ensemble des destinations présentées dans ce livre et pourra vous conseiller pour préparer votre voyage (réservations de vols, d'hôtels, transferts, organisation des plongées, découverte touristique...). Ultramarina est une agence de voyages dûment agréée par le ministère français du tourisme et bénéficie de toutes les couvertures réglementaires notamment une assurance responsabilité civile professionnelle et une garantie financière qui vous protège.

Centre de plongée en bref

Les hôtels ont été en partie sélectionnés pour la qualité de leur centre de plongée et notamment des équipements proposés afin que vous puissiez trouver tout le matériel indispensable sur place. Nous ne pouvons cependant que vous conseiller d'emporter avec vous votre propre masque et votre ordinateur de plongée, certains centres ne les louant pas.

Bateaux La taille minimum des bateaux disponibles. 8 m et + signifie que plusieurs bateaux sont disponibles, le plus petit faisant 8 mètres de long.

Taille du groupe Nombre maximum de personnes autorisées à plonger, sans compter l'instructeur. D'une manière générale, la taille moyenne des groupes est souvent inférieure.

Langues Langues parlées par l'équipe. Un point particulièrement important si vous souhaitez suivre des cours.

Cours PADI (www.padi.com) est la première association internationale de plongée. La qualité des formations qu'elle propose est reconnue dans le monde entier. Les cours suivis donnent lieu à l'obtention de certificats reconnus internationalement. En plongeant dans des centres de plongée affiliés, vous êtes sûr de découvrir le monde sous-marin en toute sécurité.

Enfants Certains centres n'ont pas l'équipement adapté pour la plongée pour des enfants. Si des cours sont théoriquement possibles dès 8 ans, beaucoup de centres préfèrent attendre, avec raison, l'âge de 10/12 ans.

Autres Nettoyage de l'équipement : le centre récupère, après la plongée, votre équipement et s'occupe de le rincer et de le ranger. Plus rien à faire, si ce n'est réfléchir à votr prochaine plongée.

Boissons : indique si des boissons, voire des repas, peuvent être servis à bord.

Location d'ordinateur : si ce n'est pas indiqué, c'est que l'ordinateur n'est pas fourni et que vous devez vous muni du votre.

Site de plongée en bref

Nombre de sites Le nombre de sites remarquables à 30 minutes.

Niveau Degré de difficulté des plongées. La plupart des sites sélectionnés peuvent convenir aux plongeurs débutants. Certains, cependant, peuvent demander plus d'expérienc notamment pour les plongées dérivantes.

Visibilité Moyenne qui varie en fonction des saisons.

Musts Sites incontournables.

Snorkelling La proximité immédiate du récif permet une nage en surface avec masque, tuba et palmes.

Combinaisons Plus l'eau est froide, plus épaisse devra être la combinaison. Pour la plupart des sites recensés, une combinaison de 3 mm est suffisante, sauf rares exception notamment en lien avec la saison.

Coraux Indique l'état de conservation des coraux du site.

Faune Loin d'être exhaustive, cette liste recense les espèces les plus rares ou les plus emblématiques.

Autres Caisson hyperbare : présence à proximité d'un caisson hyperbare dans l'hypothèse, très peu probable, d'un accident de décompression.

Parc marin : zone réglementée où les fonds marins sont protégés par la loi, donc généralement en meilleur état et abritant une plus grande diversité des espèces.